Abenteuer auf dem Canal du Midi

À la mémoire de mon beau-frère Peter

Michael Reymann

Abenteuer auf dem Canal du Midi

Mit dem Hausboot unterwegs

Coverbild: Unterwegs auf dem Canal du Midi

Bibliografische Information der Deutschen Nationalbibliothek:
Die Deutsche Nationalbibliothek verzeichnet diese Publikation in der Deutschen Nationalbibliografie; detaillierte bibliografische Daten sind im Internet über http://dnb.dnb.de abrufbar.

Herstellung und Verlag: BoD – Books on Demand, Norderstedt

ISBN: 978-3-7519-5025-1

Inhaltsverzeichnis

Prolog

In den vielen Jahren, in denen wir unseren Wohnwagen auf dem Campingplatz *Les Grand Pins* in *Le Camp du Castellet* in Südfrankreich stehen hatten, führten uns viele von den von uns dort getätigten Ausflügen in die unterschiedlichsten Himmelsrichtungen.

Oft genug lenkte uns dieser Weg in die *Camargue* und an Orte darüber hinaus, da wir eine solche Tour gerne mit einem Badeaufenthalt am Rhônestrand bei *Port Saint Louis* verbanden.

Irgendwann kamen wir bei einer dieser Tagestouren auch auf die andere Seite der *Camargue*, um dort eine der Städte *Narbonne* oder *Beziers* zu besichtigen.

Und auf einer dieser Touren durch die sonnenverbrannte Landschaft des *Languedoc* führte uns eine Straße aus Zufall über den *Canal du Midi*, dessen grüner Gürtel der Platanenallee uns zum Anhalten bewegte, da dies ein so krasser Kontrast zu der Steppenlandschaft um uns herum war.

Die angenehme Kühle unter den Bäumen ließen uns dort ein wenig verweilen und am Ufer des Kanals rumbummeln.

Immer wieder hörten wir lustiges Gelächter von Kindern oder Jugendlichen, die wohl in der Nähe am Spielen waren.

Es war nur niemand weit und breit zu sehen.

Und dann erschien ein Hausboot um die Ecke einer Kanalbiegung, das des Rätsels Lösung war.

Das vergnügliche Treiben auf dem Boot, das langsam näherkam, hielt uns irgendwie gefangen.

Wir lauschten dem Geschehen noch eine Weile, bis das Boot auf der anderen Seite von uns unter der kleinen Brücke der Landstraße versschwand.

So etwas muss auch viel Spaß machen, so unsere Überlegung, die aber anschließend wieder schnell vergessen war.

Canal du Midi, irgendwo im Languedoc

Weit später im Herbst zu Hause in Düsseldorf, unser Urlaub, der Ausflug und dieser besondere Moment waren schon lange vergessen, kam aus zufälligem Grund das Thema auf diese Fahrt und brachte uns diese Erinnerungen zu uns zurück.

Im Annoncenteil meiner Automobilclubzeitung fand ich mehrere Inserate, die einen solchen Hausbooturlaub bewarben.

Die verschiedensten Boote von unterschiedlichsten Anbieter an den mannigfachsten Reisezielen in mehreren Ländern warteten nur darauf, führerscheinfrei gemietet zu werden, oder besser gesagt, gechartert, wie es in der Bootssprache korrekt heißt.
Jetzt war doch tatsächlich unser Interesse geweckt worden, obwohl wir mit unserem Wohnwagen für den Urlaub immer ein festes Reiseziel an der *Cote de Provence* hatten.

Aber den kostenlosen Katalog, den konnte man sich ja mal schicken lassen, selbstverständlich vollkommen unverbindlich.

Und so kam es, dass ich ein paar Tage darauf einen dieser Kataloge in meinen Händen hielt.

Nach dem Schreckmoment bei der Durchsicht des Kataloges und den darin beschriebenen Booten und deren Mietpreise überkam mich sofort das Gefühl, den Katalog direkt zum Altpapier geben zu müssen.

Aber irgendwie blieb das Schriftstück dann erst einmal bei uns im Bücherregal liegen.

Zu einem späteren Zeitpunkt ergab es sich bei einem Gespräch innerhalb der Familie, dass das Thema Hausbootfahren erneut bei uns zur Sprache kam.
Spontan wurden wir dazu befragt und uns wurde angeboten, zusammen mit meiner Mutter und ihrem Lebensgefährten eine solche gemeinsame Tour zu unternehmen, darüber hätten sie auch schon öfters gesprochen, das würde ihnen auch gefallen.

Die Bootsmiete und alle anderen anfallenden Kosten wollten wir uns hälftig teilen, so war dann direkt eine Absprache dazu getroffen worden.

Und als idealer Termin suchten wir uns das Frühjahr aus, in der Nebensaison waren die Preise etwas moderater.

Das geeignete Boot und die Region mitsamt Abfahrtsbasis waren schnell gefunden und ausgesucht worden, ein einzelner Telefonanruf reichte vollkommen aus, um die Anmietung perfekt zu machen.

Und so kam es zur Anmietung der *Buccaneer 6* von der *Crown Blue Line* für eine Woche zu Ostern 1997 auf dem *Canal du Mid* in Südfrankreich.

Anreise über die Camargue

Die gebuchte Ferienwoche auf dem Boot schmiegte sich gut in die Pläne zu unserem Aufenthalt am Wohnwagen in Südfrankreich in den Osterferien ein.

Zuerst fuhren wir für eine Woche zum Wohnwagen nach *Le Castellet*, um anschließend am folgenden Osterwochenende das Boot auf der anderen Seite der *Camargue* für eine Woche in Beschlag zu nehmen.

Für Karfreitag hatten wir noch eine Einladung zu einem Mittagessen nach *Nice* angenommen, die die Eltern der Tanzpartnerin unseres ältesten Sohnes ausgesprochen hatten.

Die Eltern hatten sich zu diesem Zeitpunkt für zwei Wochen eine Ferienwohnung in einer Ferienanlage in *Nice* angemietet.

Der Besuch dort gestaltete sich an diesem Tag ausgesprochen entspannt und angenehm, obwohl wir im Vorfeld mit sehr gemischten Gefühlen dorthin gefahren waren.

Die Eltern, hier besonders die Mutter, war eine sehr schwierige Person mit einer beherrschenden Art, die auch versuchte, sich in unsere Freizeitplanung bestimmend einzubringen.

Dennoch verbrachten wir einen wunderschönen Tag in *Nice*, der noch durch einen spontanen Bummel durch die Stadt und einem Besuch in einem Eiscafé ergänzt wurde.

Zum Abend machen wir uns dann auf die Rückfahrt von Nice nach *Le Castellet*, da wir uns am nächsten Morgen nicht zu spät auf den Weg durch die *Camargue* aufmachen wollten.

Irgendwo dort auf der anderen Seite von Sand, Wasser und *Rhône* wartete ein schwimmendes Abenteuer auf uns.

Hausboot, wir kommen.

Am Ostersamstag ging es dann los. Wir machten uns mit den beiden Fahrzeugen auf den Weg nach *Port Cassafières*, um dort unsere gebuchte Abenteuerwoche auf dem Hausboot zu verbringen.

Die Fahrzeuge wurden mit den nötigsten Sachen wie Getränke und Konserven beladen, da wir diese bereits in der Woche zuvor vor Ort in Südfrankreich einkaufen konnten.
Frisches Brot sollte später unterwegs täglich dazu gekauft werden und die nötigen Lebensmittel für das Frühstück an den ersten Tagen war bereits in den Autokühlschränken verstaut.
Der Campingbus von Hilmar hatte einen festen Kühlschrank eingebaut und bei mir im Pajero hatten wir einen Campingkühlschrank über das 12 Volt Netz des Fahrzeuges angeschlossen in Betrieb.
Den benutzten wir so auch im Sommer auf unseren Ausflügen oder bei den Strandbesuchen an der *Rhône*. Das war extrem praktisch und es hatte schon einen kleinen Hauch von Luxus, immer gekühlte Getränke im Auto zu haben, besonders in der Gluthitze des Südens im Sommer dort unten in der *Provence*.
Am Morgen kamen noch die Taschen mit der Bekleidung für die nächste Woche in die Fahrzeuge und dann konnte es endlich losgehen.
Wir hatten bis zum späten Nachmittag Zeit, um zu der Abfahrtsbasis vor Ort zu kommen, da die Übernahme des Bootes erst ab 16°° Uhr erfolgen konnte.

Die Basis des Bootvermieters lag auf der anderen Seite der *Camargue* unweit von *Béziers*, dort, wo hinter *Agde* die langen Sandstrände des *Languedoc* anfingen, die sich entlang der Küste bis kurz vor der spanischen Grenze ausdehnten und die Urlaubsregion entlang der Küste des *Languedoc-Roussillon* bildeten.
Bei den Vorbereitungen zu unserer Anfahrt auf die andere Seite der *Camargue* hatten wir beschlossen, ab *Aubagne* die Autobahn nach *Marseille* zu nehmen und in der Stadt runter zum Hafen zu fahren, dort durch den neuen Tunnel unter dem alten Hafen zu fahren um dann die Stadt entlang der *Rade de Marseille* auf der anderen Seite der Stadt in Richtung *Vitrolles* zu verlassen.
Bei *La Pigne* wechselten wir später auf die *A 55*, die uns entlang des *Étang de Berre* über *Martigues* nach *Fos-sur-Mer* führte.

Die Autobahn ging dann irgendwann am Rande der östlichen *Camargue* in die Nationalstraße *RN 568* über, die dennoch hoch bis nach *Arles* autobahnähnlich ausgebaut ist.

Nach der Stadtumfahrung von *Arles* folgten wir der *RN 572* nach *Saint Gilles* und passierten dabei den nördlichen Teil der *Camargue*, der hier bereits auf der anderen Seite der *Grand Rhône* lag.

Unterwegs suchten wir uns einen schönen lauschigen und schattigen Platz, um dort eine kleine Mittagspause einzulegen.

Dieser gewählte Weg durch *Marseille* und die *Camargue* ersparte uns den weiten Bogen über die Autobahn von *Aubagne* über *Aix-en-Provence* bis hoch an die *A9* bei *Orange*, der uns von dort über die *La Languedocienne* genannte Autobahn wieder runter über *Nîmes* an unsere jetzige Position gebracht hätte.

Nicht immer ist die Autobahn die schnellste und günstigste Verbindung.

Landkarten sind von Vorteil, wenn man sie lesen kann.

Nach der Mittagspause galt es das letzte Teilstück unserer Anreise zur Basis bei *Beziers* zu bewältigen.

Die weitere Fahrt führte uns über *Lunel* Richtung *Montpellier*, ab dort nutzten wir für die letzten siebzig Kilometer aber dann doch die Autobahn, da die Landstraße hinter *Séte* entweder südlich am *Étang de Thau* vorbeiführte oder nördlich davon ab *Mèze* einen weiteren Umweg für uns bedeutete. Die Autobahn hingegen führte über die Hügel von *Florensac* direkt nach *Béziers*.

Dort galt es mit Hilfe der Anfahrt- und Anreiseinformation, die uns in Form einer Fotokopie mit den Buchungsunterlagen mitgeschickt worden war, den Weg von *Béziers* zur Basis vom Bootsvermieter *Crown Blue Line* in der Nähe von *Portiragnes* zu finden.

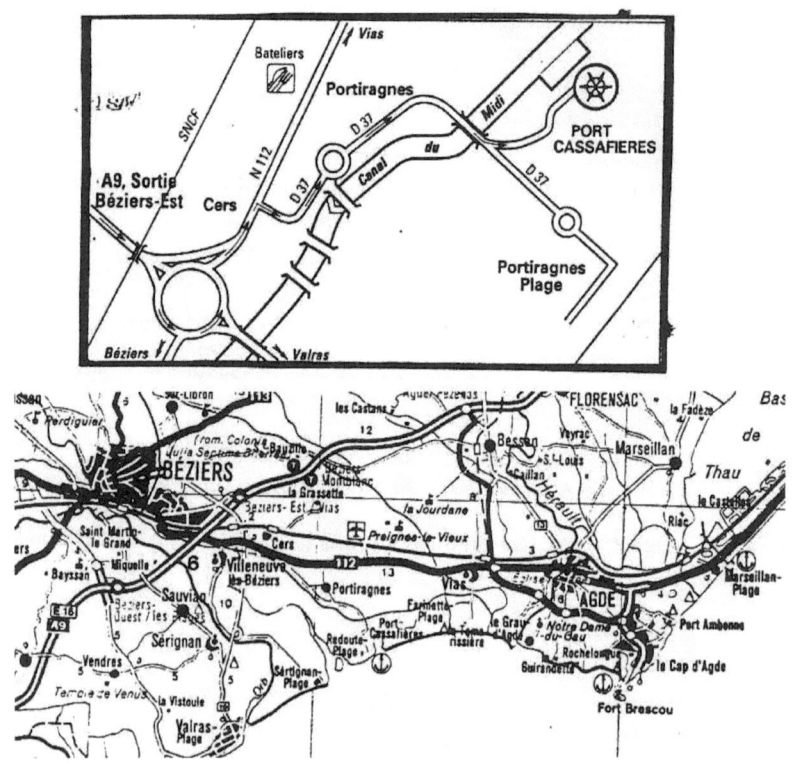

© *Anfahrtsinfos zur Basis von Crown Blue Line*

Zu diesen Zeiten gab es noch keine bezahlbare Navigationsgeräte oder Handys, mit denen man leicht und einfach wie in der heutigen Zeit seinen Weg finden konnte.

Klar von Vorteil war es, wenn man Karten lesen konnte und sich bereits im Vorfeld einen Überblick in den gängigen Karten (*MICHELIN 83*) gemacht hatte.

Die bei meiner Vorbereitung der Fahrt zum Hafen bei *Beziers* erstellten Notizen ergaben, es wären noch etwa vierzehn Kilometer über unterschiedlich kleine Landstraßen zu fahren. Ich erwartete auch erst auf den letzten Kilometern der Fahrt eine Ausschilderung zu unserer Basis. Und genauso kam es dann, obwohl das erste Teilstück ab der Autobahnausfahrt leicht zu finden war.

Nach dem Verlassen der Autobahn brauchten wir nur der Bezeichnung der *D 37* folgen und gelangten nach einer kurzen Strecke an den *Canal du Midi*, der die Landstraße hier einige Kilometer begleitete, um dann den *Canal du Midi* hinter *Portiragnes* zu überqueren und anschließend Richtung Mittelmeer zu den Stränden von *Portiragnes Plage*, der gleichnamigen Gemeinde dort, führte.

Und hier stand dann neben einer Abzweigung ein Schild mit dem Hinweis zur Basis von *Crown Blue Line*.

Wir bogen von der kleinen Landstraße links ab und bereits einige wenige hundert Meter weiter stand ein weiteres Hinweisschild, dem es ebenfalls nach links zu flogen galt.

Die Spannung bei uns wuchs mehr und mehr, die Ungeduld wurde, besonders bei den Kindern, immer größer und größer. Kurz vor einer Zufahrt zu einem Campingplatzgelände zweigte erneut ein Weg nach links ab, und schon erreichten wir ein Hafenbecken, in dem ein gutes Dutzend Boote unterschiedlichster Bauarten lag, die meisten davon gleich hellblau eingefärbt und mit dem Emblem des Bootsvermieters *CROWN BLUE LINE* versehen.

Wir waren angekommen.

Ein großzügiger Parkplatz, zu dem man über eine Zufahrt seitlich des Hafenbeckens gelangen konnte, war mit Fahrzeugen gut belegt, deshalb stellten wir unsere Autos erst einmal neben dem Fahrweg ab.

Die Familie machte eine erste Entdeckungstour auf der Anlage der Basis, während ich mit Hilmar zur Rezeption schritt, um uns anzumelden und den weiteren Ablauf abzuklären, hatten wir doch absolut keine Ahnung, wie das so abläuft.

Im Büro wurden wir freundlich empfangen und es wurden uns die weitere Vorgehensweise erklärt.

Zuerst wurde der Papierkram erledigt, es erfolgte das Einchecken und die Übergabe der Fahrerlaubnis für das führerscheinfreie Boot.

Danach wurde uns das Boot zugewiesen und nun hatten wir ausreichend Zeit, um all unser Gepäck an Bord im Boot zu verstauen.

Unser erster Eindruck bei der Begehung des Bootes war enorm, das Schiff wirkte einfach nur riesig und war im Innenbereich nicht mit dem Innenraum eines Wohnwagens zu vergleichen.

Ein seitlicher Gang, der von hinten bis nach vorne durch das ganze Schiff führte, endete nach der seitlich gelegenen Küchenzeile an der Türe zum Salon.

Wenn man aus diesem Gang aus dem Fenster schaute, hatte man den Eindruck, als ob man auf gleicher Höhe wie das uns umgebende Wasser war.

Und irgendwie war da so ein leichter und eigentümlicher Geruch im Boot zu vernehmen. Eine Mischung aus Dieselkraftstoff und etwas uns Unbekannten umgab uns im Boot, an das wir uns aber sehr schnell gewöhnten.

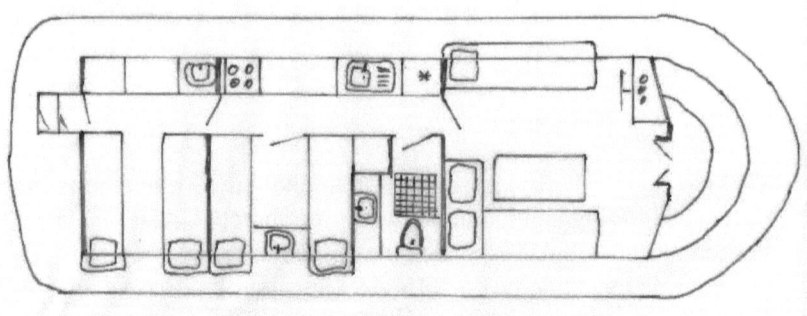

Übersichtsplan „unserer" Buccaneer 6

Hilmar und meine Mutter bezogen die Achterkabine, die beiden Jungs die Kabine mittschiffs und für die Eltern kam dann nur noch das Klappbett im Salon in Frage, aber das war bereits im Vorfeld bei der Auswahl und der Buchung des Schiffes so abgesprochen worden.

Zu einem späteren Zeitpunkt wollte dann ein Mitarbeiter der Basis zu uns kommen und uns eine technische Unterweisung der Besonderheiten des Bootes hier an Bord geben.

Wir kannten uns zwar mit Wohnwagen, Camping und vielen anderen Dingen aus, viele Jahre zuvor waren wir regelmäßig zum Segeln gefahren, aber so ein Hausboot war doch eine ganz andere Nummer, totales Neuland für uns.

Nach dem ersten Erkunden des Bootes wurde nun das Gepäck an Bord gebracht und verstaut. Unsere vorher getätigten Einkäufe wurden in der Küche im Kühlschrank und in die Lagerschränke verstaut, die sich dort versteckten. Dabei bekam man auch einen Überblick, in welchen Fächern sich Teller, Tassen und Besteck befanden.

Unsere Autos waren schnell entladen, denn sehr viel Gepäck hatten wir für diese eine Woche auch nicht mitgenommen. Die entleerten Fahrzeuge wurden dann auf den abgeschlossenen Parkplatz gefahren und dort für die nächsten paar Tage abgestellt.

An Bord war die Crew mit den restlichen Einräumarbeiten beschäftigt und hatte auch bereits verschiedene Utensilien an Bord gesäubert oder besser gesagt nachgewischt, da irgendetwas nicht der gewöhnten Vorgabe entsprach.

Um die Jungs brauchten wir uns nicht kümmern, deren Taschen landeten irgendwo in der Kabine und wenig später war auch schon das bekannte Geräusch vom Game Boy zu vernehmen.

Freddy war angekommen.

Dann klopfte es an der Bordwand, der Mitarbeiter der Basis war gekommen, um uns unsere Unterweisung für das Boot zu geben.

Zuerst bekamen wir die technischen Erklärungen für die Besonderheiten bei einem Boot: wo befand sich der Zugang zum Wassertank, wo wurden die Pumpen eingestellt, wie funktionierten die Toiletten und die Dusche an Bord.

Anschließend erfolgte die Erklärung für den Motor und der dort befindlichen technischen Einrichtungen. Der Deckel zum Maschinenraum wurde geöffnet und gab den Blick auf den Motor und seine Anbauaggregate frei. Alle Einrichtungen und deren Funktionen wurden uns erklärt, zusätzlich wurden wir angewiesen, jeden Tag vor dem Start des Motors den Ölstand und den Wasserstand im Kühler zu kontrollieren, außerdem wurden wir über die Aufgabe und die Wartung des Seewasserfilters unterrichtet. Das war Alles Neuland für uns Landratten, so etwas hatte ein reines Segelboot nicht, langsam qualmten bei uns die Köpfe.

So weit, so gut.

Dann kam der große Augenblick, es ging zurück nach vorne in den Salon und dort an den Steuerstand. Die wenigen Instrumente dort waren eigentlich selbsterklärend, dennoch wurde jede einzelne Anzeige davon genaustens besprochen, wofür waren die Warnlichter, wozu diente der große Hebel an der Seite. Wie wird das Auskuppeln des Getriebes vorgenommen, wie bedient man den Schubregler, auch hier war wieder einiges Neues zu erlernen. Dann kam der Zündschlüssel in das Schloss und die Prozedur des Vorglühens wurde erklärt und erfolgte dann auch sofort. Anschließend wurde der Schlüssel gedreht und der Motor sprang nach einigen Umdrehungen des Startermotors sofort an. Um den Motor abzustellen musste ein Griff gezogen werden, auch das war für uns neu, am Auto drehte man einfach den Schlüssel zurück und zog ihn ab.

Der Motor lief ruhig im Leerlauf. Was kommt nun?

Unser Einweiser machte sich nun daran, die Leinen zu lösen, Hilmar half ihm dabei, und so waren wir das erste Mal nicht mehr mit dem Land verbunden auf „unserem" eigenen Motorboot unterwegs. Also noch nicht so richtig, wir lagen ja nur lose in der Box. Geschickt wurde

das Boot vom Einweiser aus der Box manövriert, begleitet von dauernden Erklärungen zu den einzelnen Manöverabläufen, und warum diese so erfolgten.
Langsam stieg Rauch auf im Salon, so qualmte jetzt mein Kopf. Wohin noch mit dem ganzen Input?
Ganz langsam und sachte wurde das Boot in die Fahrrinne im Hafenbecken in Richtung Hafenausfahrt und Einmündung in den *Canal du Midi* gelenkt.

Dort fuhr der Mechaniker mit dem Boot einige hundert Meter nach rechts in den *Canal du Midi* ein, um uns dann anschließend noch einige Tipps zu weiteren Manövern zu geben.
Wie wird das Boot aufgestoppt, ein Boot hat ja bekanntlich keine Bremsen. Was muss man machen, um das Boot zu wenden, am besten noch auf der Stelle, auf engstem Raum, das wurde uns auch sofort demonstriert.
Das Anlegen wurde besprochen, wie nahe konnte man mit dem Boot ans Ufer fahren, wozu dienten die Eisenstäbe im Motorraum, wenn man Anlegen wollte und keine Poller am Ufer dazu bereitstanden.

Input, Input, Input.

Hoffentlich konnte ich mir das Alles merken.

Diese Erklärungen standen zwar auch im Kapitänshandbuch, das wir mit den Buchungsunterlagen von der Vermietungsfirma erhalten hatten, um sich im Vorfeld damit zu beschäftigen, aber jetzt alles Live zu erleben war doch etwas ganz anderes.

Der Mechaniker fuhr gemütlich in den Hafen zurück, stoppte vor dem selben Steg, von dem wir losgefahren waren ab und manövrierte das Boot fachkundig rückwärts an den Steg, ohne daran anzustoßen, sprang die wenigen letzten Zentimeter an Land und vertäute das Boot an den Klampen, die in gewissen Abständen am Steg befestigt waren.

Der Motor wurde abgestellt und es erfolgten noch ein paar Erklärungen, an deren Einzelheiten ich mich nicht mehr erinnern kann, mein Kopf war voll, da passte nichts mehr hinein.

„Noch Fragen"?

„Keine"?

Wir waren sprachlos, uns viel in dem Moment wirklich nichts ein.

„Einen schönen Urlaub dann" wünschte er uns und war zum nächsten Boot verschwunden.

Und nun?

Oh je, jetzt wurde es ernst.

Willkommen an Bord

Alle Zeichen deuteten darauf hin, dass unsere Abfahrt mit dem Boot unmittelbar bevorstand.
Man könnte auf einem Hausboot auch ein paar schöne Tage in einem schönen Hafen verbringen, oder?

Aber diese Gedanken fanden keine Anhänger unter meiner Mannschaft auf der *Buccaneer 6*.

Ein letzter Landgang wurde getätigt. Erste Verpackungstüten, die nicht mehr gebraucht wurden, und der erste angefallene Müll wurden in die Entsorgungsbehälter gebracht.

Meine Frau benutzte die Telefonzelle an der Einfahrt zum Parkplatz für einen letzten Telefonanruf nach Deutschland und meldete sich bei ihrer Oma ab.

Vielleicht ein letztes Lebenszeichen von uns, bevor wir uns in die unbekannten und stürmischen Gewässer begeben und wer weiß wohin wir durch stürmische Winde getrieben werden?

Die Mannschaft traf sich zu einer letzten Besprechung im Salon an Bord, es wurde sich noch einmal kurz beraten, wie der weitere Verlauf des Tages gestaltet werden sollte, obwohl wir darüber bereits im Vorfeld gesprochen hatten.

Wir wollten die ersten acht Kilometer auf dem *Canal du Midi* fahren und in der Nachbargemeinde *Villeneuve-lès-Béziers* an dem dort im Kanalführer angegebenen Anlegeponton unsere erste Nacht verbringen. Für den Ort waren im Kanalführer mehrere Geschäfte, eine Bäckerei und auch mehrere Restaurants eingetragen. Dort wollten wir zur Feier des Tages unser Abendessen in einem Restaurant genießen und den Tag ausklingen lassen. Die Fahrzeit bis dorthin betrug etwa eine Stunde, so die Überschlagsrechnung anhand der Daten aus dem Kapitänshandbuch, das war gut zu schaffen. Es war gerade kurz vor siebzehn Uhr, eine Stunde Fahrt sollte eigentlich kein Problem darstellen. Einzig die erste Schleuse, die nach drei bis vier Kilometern im Kanalführer eingezeichnet war, stellte eine unbekannte Größe dar, von der wir bisher keine Ahnung hatten, wie lange man für so eine Schleusenpassage brauchen würde.

Es gab nur eine Möglichkeit, dies herauszufinden.

Auszug aus dem Bordbuch: 17:25 Uhr Der Motor wurde gestartet und es erfolgte das erste Leinen-Los-Kommando. Behutsam wurde der Antrieb eingekuppelt und langsam das Boot aus der Box gefahren. Zu früh erfolgte allerdings das Einlenken, sodass unser Heck beim Ablegen am Nachbarboot entlangscheuerte.

Zum Glück waren bei beiden Booten die Gummischeuerleisten auf der gleichen Höhe angebracht, das andere Boot war nicht besetzt und es entstand auf diese Weise kein Schaden.

Die Fender am Boot verhakten sich an den Fendern des Nachbarbootes und zogen sich hoch, da die Befestigungsleinen der Fender keine andere Möglichkeit boten. Als sie aneinander vorbeizogen plumpsten sie zurück in ihre alte Position.

Nichts passiert.

Schon etwas dazu gelernt, obwohl es eigentlich auch im Kapitänshandbuch erwähnt war:

Boote schwenken beim Lenkmanöver mit dem Heck stark aus, dieses Auslenken sollte beim Manöver berücksichtigt werden.

Zum zweiten Mal an diesem Nachmittag fuhren wir mit dem Boot aus dem Hafenbecken heraus und auf den *Canal du Midi,* diesmal war allerdings ein blutiger Anfänger am Steuer, vielmehr am Ruder, also ich selbst.
Die Einmündung in den *Canal du Midi* kam immer näher und näher und ich suchte nach der Bremse.

Ach Nonsens, so etwas hat ja ein Boot nicht.

Zum Glück viel mir in diesem Moment spontan wieder ein, was uns auf der Einführungsfahrt gezeigt und erklärt worden war:

Zum Aufstoppen Rückwärtsgang einlegen und Gas geben.

Gesagt, getan.

Das Boot kam zum Stehen, bevor wir gegenüber der Hafeneinfahrt einen neuen Querkanal in Richtung *Paris* anlegen konnten.

Nein, eigentlich war diesmal alles gut ausgegangen, das Boot gehorchte so wie ich es mir vorgestellt und gedacht hatte.
Der Bug des Bootes ragte knapp zwei Meter in den Kanal hinein, sodass wir ihn gut einsehen konnten und auch nun gut sehen konnten, ob

aus einer der beiden Richtungen ein anderes Boot kam, das dann eventuell von uns gerammt und versenkt worden wäre.

Also Vorfahrt achten, ist doch gar nicht so schwer, oder?

Schon drei Sachen dazu gelernt, und dass in einer so kurzen Zeit. Diese Woche auf dem Hausboot wird bestimmt sehr lang werden, zumindest für mich.
Weder von links noch von rechts, also weder von der Backbordseite noch von der Steuerbordseite war ein anderes Boot zu sehen, also freie Fahrt für uns.
Nun galt es, das Boot irgendwie dazu zu bewegen, in die von mir angepeilte Richtung zu drehen und in die Richtung zu fahren, die ich mir vorstellte.
Das Drehen am Steuerrad bewirkte dabei Wunder.
Sicher im Kanal angekommen wurde der Gashebel vorsichtig nach vorne gelegt und los ging es.

Nun waren wir tatsächlich mit einem Hausboot auf dem *Canal du Midi* unterwegs.

Vorne im Salon war die Türe geöffnet worden und gab den Weg frei auf die kleine Runde auf dem Vorschiff, auf der man sich aufhalten und auf den beiden Stufen auch sitzen konnte. Die Plätze waren schnell besetzt worden.
Langsam schob sich die Landschaft an uns vorbei und gab uns ein erstes Gefühl für die Ruhe und Gelassenheit, die das Fahren auf dem Wasser so mit sich bringt.
Der Kanal führte entlang einer mehr landwirtschaftlich genutzter Flächen, Zäune und Büsche reichten bis an das Wasser heran. Auf der anderen Seite verlief irgendwo in nicht zu weiter Entfernung die Landstraße, auf der wir vor ein paar Stunden den Weg zur Basis gesucht hatten. Dort drüben erschien uns das Gelände flacher und weniger bewaldet als auf der linken Seite des Bootes. Eine Waldung mit Pinien säumte kurz darauf das Ufer, hier fuhren wir an einem Campingplatz vorbei und wir fragten uns, ob das der Platz sei, den die Familie eines Freundes hier irgendwo am Kanal betrieb, das wäre gut möglich.

Nach diesen ersten paar Kilometern durch die halboffene Landschaft näherten wir uns einer Kanalbiegung, die danach den Blick frei gab auf unsere erste Schleuse auf dem *Canal* du *Midi*, die uns bei *Portiragnes* den Weg versperrte.

Und das Anzeigelicht, die Ampel, war aus.

Der Erbauer des Canal du Midi, Paul Riquet, erbaute die Schleusen alle in einer ovalen Form, eine typische Eigenart des Canal du Midi, die es auch nur hier unten in Südfrankreich so gibt

17:55 Uhr Was nun? Kein Mensch war weit und breit zu sehen. Trotz der angegebenen Öffnungszeit im Kanalführer war die Schleuse geschlossen. Eine kurze Beratschlagung erfolgte, als Ergebnis wollten wir die Lage dort an der Schleuse erkunden. Dazu legten wir an Steuerbord an einem kleinen Wartekai an, was mir, da es zum ersten Mal erfolgte, erstaunlich gut gelang. Pascal und meine Frau hielten das Boot mit den

Seilen an den Pollern, die an dem Steg befestigt waren, während ich mit Hilmar an Land und hoch zum Schleusenwärterhäuschen ging. Die Erkundung am Aushang in einem Schaukasten am Schleusenwärterhaus ergab, dass die Schleusen im März bereits um 17:30 Uhr schlossen, Vorsaison eben. Unser Abendessen im Restaurant löste sich langsam in Luft auf. Zum Glück hatten wir zwar für alle Fälle ausreichend Lebensmittel an Bord, aber wir hatten uns bereits auf ein gemütliches Abendessen in einem Restaurant gefreut und waren etwas enttäuscht.

Was nun?

18:10 Uhr Nach kurzer Beratung und Diskussion wurde das Boot sicher an den Pollern belegt und der Motor abgeschaltet. Hier wollten oder mussten wir die kommende Nacht verbringen.

Unser heutiges geplantes Etappenziel wurde um vier Kilometer verpasst, das entsprach etwa einer halben Stunde Fahrzeit plus der Zeit für das Scheusenmanöver. Aber die Zeit werden wir am nächsten Tag mit Sicherheit wieder herausholen können, obwohl wir eigentlich keinen festen Reise- oder Zeitplan für die ganze Woche hatten.

Und wir hatten noch eine Möglichkeit: im Kanalführer war auch für *Portiragnes* ein einzelnes Restaurant verzeichnet, das es nun zu finden gab.

Die Crew machte sich fertig für einen ersten Landgang und im Gänsemarsch ging es an Land und in Richtung zu dem Ortskern, um nach der Taverne Ausschau zu halten.

Auf einem Schild am Wegesrand wurde frischer Spargel und auch Erdbeeren direkt vom Bauern angeboten, der zu dieser Zeit aber auch nicht mehr vor Ort war.

Der Spargel wird mit Sicherheit in den nächsten Tagen in der Kombüse an Bord auftauchen. Und die Erdbeeren waren bereits reserviert worden.

Im Ort gab es tatsächlich ein einziges kleines Restaurant, dessen Wegweiser wir zum *Le Vieux Pressoir* folgten, und das auch geöffnet hatte. Wir wurden von den Wirtsleuten sehr nett und freundlich empfangen und hatten einen riesengroßen Tisch für uns zur Verfügung.

Die Speisekarte war in drei Sprachen verfasst und deutete auf regen Tourismus am Kanal in der Saison hin.

In dem Restaurant hatten wir an dem Abend sehr gut und auch nicht überteuert gegessen.

Die Visitenkarte von dem Restaurant hatte ich neulich bei den Recherchen zu diesem Buch noch in meinem Filofax gefunden.

Frohe Ostern. Mehr braucht kein Mensch.

Irgendwann nach einem schönen und langen Abend in dem Lokal mussten wir uns auf unseren Rückweg in Richtung zum Boot begeben, in der Hoffnung es dort noch vorzufinden.

Unterwegs konnten wir am Himmel den Kometen Hale-Bopp bewundern, der nur wenige Tage zuvor seinen geringsten Abstand zu Erde erreicht hatte. Bei uns in Deutschland war dieser Anblick durch die fast immer vorhandene Wolkendecke eher seltener möglich.

Ein schön anzusehendes Naturschauspiel, das uns hier im Süden noch die nächsten Tage und Wochen begleiten sollte.

Wir verließen den Ort und kamen herunter zu der kleinen Landstraße am Kanal, wo wir irgendwo die Schleuse zu finden hofften. Das Boot lag noch an derselben Stelle, wo wir es einige Stunden zuvor auf dem Weg zum Restaurant verlassen hatten.

Zurück an Bord ging die Crew getrennte Wege, jeder in seine eigene Kabine und wir nach vorne in den Salon, um dort unser Wandbett für die Nacht herabzuklappen und herzurichten.

Dann hieß es Licht aus und Ruhe auf dem Schiff.

Der darauffolgende Morgen begann für uns im Salon einquartierte Seefahrer recht früh. Am Abend zuvor waren wir zwar gut eingeschlafen, aber gegen Morgen wurde es dann unruhiger für uns hier im Vorschiff. Die Geräuschkulisse, die uns hier umgab, war einfach zu viel zum Weiterschlafen, zwar nicht sehr laut, aber dafür sehr ungewohnt.

Die ganze Nacht durch hörten wir das Plätschern des Wassers aus dem Kanal, das sich über das Schleusentor hinunter in den Kanal ergoss. Ein beständiges Rauschen, wie bei einem kleinen Wasserfall. Dazu kam jede halbe Stunde das blechern klingende bimmelnde Geräusch der Dorfkirche, die scheinbar bei uns im Salon stand, tatsächlich aber einige hundert Meter vom Boot entfernt über dem Dorfplatz thronte. Am frühen Morgen gesellten sich die Geräusche der neben dem Liegeplatz verlaufenden Landstraße dazu.

Mal war es ein Mofa, mal ein Traktor oder ein anderes Auto, das den Fahrer zur Arbeit, oder was weiß ich wohin, brachte, und der auf diesem Weg bei uns hier vorne durch den Salon fuhr.

Gegen halb sieben war es nicht mehr auszuhalten, Wir krochen aus unseren Betten und machten uns fertig für den heutigen Tag. Im Boot war es noch sehr ruhig, alle anderen schliefen noch oder machten sich nicht bemerkbar, der Weg zum Bäcker drohte.

Der Salon wurde wieder in einen Aufenthaltsraum umgestaltet, das Klappbett war sehr schnell und einfach hochzuklappen. Die Vorhänge wurden zurückgeschoben und der Tag begrüßte uns mit einem wunderschönen blauen Himmel, so wie wir es vom Süden her kannten und es hier gewohnt waren.

Ingrid verließ das Boot und begab sich in den Ort, um Baguette zu holen, während ich in der Küchenzeile den Gasherd zum Leben erweckte und das Wasser kochte, um anschließend den Kaffee aufzusetzen. Mit der Wärme des Gasherdes verbunden mit den einfallenden Sonnenstrahlen, die sich durch die Scheiben zu uns gesellten, wurde es sehr schnell angenehm warm im Inneren des Bootes.

Ich überlegte am Morgen den Motor zu starten, um die Warmwasserversorgung zu gewähren, als langsam der Rest der mitreisenden Verwandtschaft aus ihren Quartieren den Weg zu uns in den Tag fand. Aber das war nicht erforderlich, das Wasser im Speicher hatte über Nacht die Temperatur gut gehalten, am Morgen reichte die Temperatur und die Mende an warmen Wasser allemal aus, um uns alle fertig zu machen.

Der Bäckereiservice war zurück an Bord, der Kaffee war fertig und duftete so wie das frische Baguette und die Croissants herrlich durch das Boot und drang in die letzten Winkel des Schiffes vor. Es dauerte nicht lange und die ganze Familie war am Frühstückstisch versammelt.

Die Stimmung war sehr ausgelassen, alle Mitglieder meiner Seemann-schaft hatten gut geschlafen und waren voller Erwartung, was heute am Tag so alles passiert und für uns kommen könnte.

Zumindest eines war sicher, es drohte uns die erste Schleusendurch-fahrt.

Leichte Unruhe war zu verspüren, als beim Gespräch das Thema darauf kam. Alle geplanten Handgriffe wurden durchgesprochen und die Posi-tionen an den Tauen und auf dem Boot wurde eingeteilt.

Pascal und Hilmar wollten sich achtern um das Festmachen kümmern, für mich war die vordere Position bestimmt, da ich vom Steuerstand aus am schnellsten vorne an dem Festmacher war. Frederik sollte mich dort unterstützen. Er machte das später so gut, dass ich ihn eigentlich nur noch überwacht hatte.

Wir waren noch damit beschäftigt das Vorschiff vom Laub zu reinigen, das der Wind über Nacht auf das Deck geblasen hatte, als uns ein Herr ansprach, ob wir die Schleuse durchfahren wollten. Es war der Schleu-senwärter, wie sich schnell herausstellte.

Also machten wir uns abfahrbereit und ich startete nach dem Vorglühen den Motor, so wie wir dazu angewiesen worden waren. Zuvor hatte ich hinten im Motorraum Ölstand und Kühlmittelstand geprüft und den Seewasserfilter gesäubert.
Aus der Schleusenkammer schoss mittlerweile eine gewaltige Menge Wasser in den Kanal vor uns und sprudelte am Schiff vorbei, ein Vor-geschmack aus das, was nun kommen würde.

Das Schleusentor öffnete hydraulisch gesteuert und das Lichtzeichen der Ampel wechselte von rot-grün auf grün.

Einfahrt frei.

Hilfe.

Die Festmacher, also die Taue, die uns über Nacht sicher am Ponton gehalten hatten, wurden gelöst und ab ging es in die graubraune ovale Bedrohlichkeit der Schleusenkammer, die sich wie ein gieriger Mund vor uns aufgetan hatte.

Durch das ausströmende Wasser aus der Schleuse war das Wasser vor der Einfahrt in die Schleuse sehr unruhig, was mir aber zumindest das Loskommen vom Steg erleichterte.

Jetzt versuchte ich, so gut es ging, die Einfahrt in die Schleusenkammer mittig zu treffen, wobei Hilmar hinten auf dem Boot mit dem Bootshaken sich ordentlich von der Wand abdrückte. Eigentlich viel zu viel und gar nicht erforderlich, da mir dadurch die Kontrolle der Lenkung durch die Einfahrt genommen wurde, dass muss besprochen werden, da es mehr hindert als es helfen tut.

Jetzt waren wir in dem ovalen Rund der Schleuse und hatten die Auswahl, wo wir uns festbinden konnten.

Aber der Schleusenwärter war sehr nett und hilfsbereit und nahm unsere Taue entgegen, legte sie auf der rechten Seite um die Poller vorne und hinten und reichte sie wieder zu uns zurück an Bord herunter, sodass wir diese um die Bootsklampen legen und dann halten konnten.

Das Hausboot lag nun mit den Tauen gesichert an der rechten Seitenwand der Schleusenkammer, von den Fendern gegen ein Hochrutschen entlang der Schleusenwand geschützt, das Leinenkommando hatte die taue in den Händen parat, eigentlich waren wir bereit für die Schleusung. Ich wollte dem Schleusenwärter ein Zeichen geben, dass wir für die Schleusung bereit seien, aber das Tor war bereits hinter uns geschlossen worden und von vorne strömte das erste Wasser in die Schleuse hinein.

Das Boot schaukelte ein wenig, als die Menge des einströmenden Wassers deutlich erhöht wurde. An den Nässerändern oben an der Schleusenwand konnte man sehr gut erkennen und ablesen, wie weit es für uns aufwärts ging.

Hilmar führte mit dem Schleusenwärter hinten auf dem Boot stehend ein Gespräch und gemütlich ging es für uns das erste Mal im Leben mit einem Hausboot in einer Schleuse zwei Meter dreiundzwanzig nach oben.

Der Wasserstand näherte sich immer mehr der Linie zwischen nass und trocken, die sehr deutlich an der Wand sichtbar abgezeichnet war. Je näher der Wasserstand dieser Linie kam, desto mehr verlangsamte sich der Wasseranstieg und auch das Geräusch des einlaufenden Wassers nahm ständig ab. Schließlich dümpelten wir mit dem Boot oben auf dem Wasser, das sich in der Zwischenzeit merklich beruhigt hatte. Die Schleusentorbarriere vor uns ging wie von Geisterhand geführt auf uns gab uns das nächste Teilstück auf unserer Reise auf dem Kanal frei.

„A Bien tot" kam es vom Schleusenwärter, „bis Bald".

Das wird sicher so sein, mein Herr, auf unserer Rückfahrt, wenn wir bis dahin noch nicht gesunken sind.

09:05 Unsere erste Schleusendurchfahrt, Ecluse No. 61 *Portiragnes*, war nach einer Viertelstunde erfolgreich überstanden.
Überall am Ufer standen die Einheimischen und Applaudierten lautstark.
Zugabe, Zugabe. Ja, die kommt, in viereinhalb Kilometern weiter den Kanal herauf.
Mal sehen, ob das dort genauso gut klappt oder ob das hier eine Ausnahme war, um die blutigen touristischen Anfänger in Sicherheit zu wähnen.
Das Boot war noch heil und vollständig, keiner der Crew war ins Wasser gefallen und von den Kanalungeheuern verspeist worden, von den Bewohnern des Département wurde auch niemand verletzt.

Juche.

Ein Blick in den Kanalführer ließ aber keine ausgiebige Freudenfeier zu, der Champagner musste im Kühlschrank bleiben, bereits nach viereinhalb Kilometern drohte ein weiteres Wasserbauwerk unsere soeben erworbene Euphorie zu zerstören.
Die Leinen wurden von den Pollern genommen und mit einem kurzen Gasschub löste sich das Boot von der Schleusenwand, wieder hinten mehr als mir lieb war, Hilmar und der Schleusenhaken erledigten das gemeinsam.

In Schrittgeschwindigkeit wurde das Boot aus der Schleusenkammer gefahren und lag anschließend mittig im Fahrwasser des Kanals.
Volle Kraft voraus, unsere Weiterfahrt konnte beginnen. Eigentlich war es ja für uns heute erst die Abfahrt.
Schnell stellte sich wieder das Gefühl vom gestrigen Vortag ein, als das Boot durch die fast flache Landschaft gleitet. Die Vegetation war noch lange weg von den Bildern, die wir vom *Canal du Midi* in den Reiseprospekten gesehen hatten, aber wir wussten ja, dass es sie so gibt.
Der Kanal verlief nicht geradeaus, sondern schlängelte sich durch das Gelände und unter vier Brücken hindurch, bevor wir direkt hinter der letzten Brücke die nächste Schleuse erblicken konnten.

Da mussten wir jetzt durch.

Ist ja auch klar, wir wollten auf die anderen Seite der Schleuse weiterfahren.

Aber auch diese Schleuse, *No. 60 Villeneuve*, wurde ohne Blessuren gemeistert, wo war denn das Problem?
Der Ablauf unterschied sich in keinster Weise von dem Schleusendurchgang, den wir eine gute halbe Stunde zuvor in *Portiragnes* erlebt hatten. Langsam fühlten wir uns wie die maritimen Vollprofis.

Kurz vor der dritten Schleuse *Ariège* überquerte uns die Autobahn A 9, die die Verbindung vom Rhônetal nach Spanien herstellte, wir sind dort in der Vergangenheit bestimmt mehrfach drübergefahren.

Das Umfeld am Kanal änderte sich kurz darauf merklich. Auf der Steuerbordseite thronte die Stadt Béziers auf einem Hügel, der bis an den Kanal heran reichte. Aus dem Hinterland stieß eine Eisenbahnlinie an den Kanal und ein paar hundert Meter danach erreichten wir einen Rangierbahnhof, der zum eigentlichen Bahnhof von *Béziers* gehörte. Nach der Schleuse von *Béziers* sollte es hier einen Hafen geben, der zwischen zwei Schleusen eingebettet entlang des Ufers lag.

10:30 Im Vorhafen zur Schleuse von *Béziers* gab es dann einen Zwangsstopp, kein Schleusenwärter war zu sehen, niemand war dort vor Ort. Und ausgerechnet hier waren die Schleusen mit vier Metern vierundzwanzig und mir sechs Metern neunzehn recht hoch im Kanalführer angegeben.

Nach ungefähr fünfzehn Minuten Warten vor der Schleuse kam der Schleusenwärter angeradelt. Er sei nicht über ein ankommendes Boot informiert worden und außerdem sei sein Telefon ausgefallen, entschuldigte er sich dann bei uns, als er wieder Luft holen konnte.

Das war doch kein Problem für uns, wir waren doch im Urlaub und nicht auf der Flucht.

Die Zwischenzeit hatten wir dazu genutzt, unseren heutigen Tagesablauf zu besprechen.

Wir entschieden uns für eine direkte Durchfahrt durch den Hafen um unmittelbar auf der anderen Seite wieder durch die Gegenschleuse heraus auf den Kanal zu gelangen. Wir benötigten zurzeit keine Einkäufe und wollten *Béziers* heute nicht erobern, vielleicht später auf unserer Rückfahrt in ein paar Tagen.

Nach der Schleusung in den Hafenbereich hinein radelte der Schleusenwärter direkt hoch zur nächsten Schleuse, um diese für uns vorzubereiten.

So konnten wir nach der Durchquerung des Hafens direkt auf der anderen Seite in die Schleuse *No.57 Orb* einfahren. Diese Schleuse mit mehr als sechs Metern Hub war schon gewaltig, allerdings waren diese beiden Schleusen neuerer Bauart und nicht mehr oval eingefasst, sondern eckig und aus Beton.

Der eigentliche Vorgang der Schleusung unterschied sich auch nicht von den anderen Schleusen, lediglich die Zeit für die Schleusung dauerte länger, da die Kammer mehr Wasser fasste.

Der radelnde Schleusenwärter wünschte uns einen schönen Tag und übte anschließend weiter für die *Tour de France*.

Vielleicht hat er ja Chancen?

Wir verließen die Schleuse und kamen an eine enge rechtwinkelige, aber verbreitete Biegung nach links, dort gelangten wir auf eine alte Kanalbrücke, die uns über den Fluss *l'Orb* führte. Die Kanalbrücke selbst bildete zugleich eine Engstelle, da der Wassertrog, der über den Fluss führte, nicht breit genug war für eine Begegnung von Schiffen.

Pont Canal de Béziers sur l'Orb

Aber zum Glück kam uns auch hier kein Boot entgegen und wir konnten die Passage über die alte Brücke direkt angehen.

Zwischen dem Boot und der Brücke war zu beiden Seiten kaum ein Meter Platz, deshalb nahm ich die Geschwindigkeit zurück, bis ich sicher war, dass wir nicht wie eine Billardkugel zwischen den Mauern hin und her flogen.

Kaum hatten wir die Brücke zur anderen Seite des Flusses überquert kamen uns dann dort die ersten Boote auf unserer Reise entgegen, und immer Vollgas voraus.

Die Bugwelle schwappte nur so an das Ufer des Kanals und man konnte nur zu gut verstehen, warum das Ufer entlang des Kanals so der Erosion unterliegt.

Dieser Effekt wurde noch verstärkt, als wir die Boote im Begegnungsverkehr passierten, da das andere Boot wie auch ich selbst seitlich versetzt ausweichen mussten. Und mit der Bug- und Heckwelle der rasenden Urlauber, die sich nun noch näher am Ufer brach, konnte man förmlich die erde ins Wasser fallen sehen. Die erdfarbene Spuren im Wasser sprachen deutliche Bände.

Und wieder veränderte sich das uns umgebende Bild. Eine Baumallee mit Wiesenstreifen entlang des Treidelpfades säumte das Ufer des Kanals auf beiden Seiten. Hier kamen uns auf dem nächsten Kilometer einige Spaziergänger und Radfahrer entgegen, die allesamt freundlich herüberwinkten und grüßten.

Nach dem Kilometer weiter war dann vorerst Schluss für uns, wir kamen an die Schleusentreppe von *Fonserannes*.

Die Ampelanlage weit vor dem Zugang zur ersten Schleuse stand auf Rot, ein Boot lag bereits vor uns am Rand des Kanals vertäut und wartete auf die Weiterfahrt. Wir gesellten uns dazu und legten ebenfalls am Ufer an, dazu benutzten wir zwei Eisenringe, die hier aus den Steinen der Uferbefestigung ragten und sich förmlich dafür anboten.

Einige Meter voraus stand am Treidelpfad eine Informationstafel, die es nun zu erkunden gab. Also machten wir einen kleinen Spaziergang dorthin, um uns schlau zu machen.

Wir rechneten damit, dass ab zwölf Uhr die Mittagspause den Verkehr unterbrach, da wir bereits viertel nach zwölf hatten, aber es kam noch dicker. Von zwölf bis dreizehn Uhr war tatsächlich Mittagspause für den Schleusenbetrieb, aber anschließend erfolgte bis sechszehn Uhr ein Talschleusen, von sechzehn Uhr bis achtzehn Uhr ging es dann zu Berg in die andere Richtung.

Zwangspause.

Und das für die nächsten vier Stunden.

Bis sechzehn Uhr lief hier für uns nichts mehr. Resigniert machen wir uns auf den kurzen Rückweg zum Boot, um dort die schlechte Nachricht an unsere an Bord gebliebenen Mitreisenden zu überbringen.

Dann machen wir halt auch erst einmal unsere Mittagspause hier, bei der wir uns so richtig Zeit lassen konnten.

Der Tisch im Salon wurde vergrößert und mit den feinsten Leckereien, die wir in unseren Schränken finden konnten, dekoriert.

Draußen war es recht warm geworden, um nicht zu sagen es war sehr heiß an dem Tag. So richtig Hunger hatte keiner, aber ein Stück von der guten Salami und vom Käse ging immer.

Nachdem gegen vierzehn Uhr die ersten Boote unten aus der Schleuse kamen machten wir uns auf, um uns die Anlage einmal anzusehen. Sieben Staustufen direkt hintereinander überwanden hier einen Höhenunterschied von etwa vierzehn Metern.

Die ganze Anlage sah sehr imposant aus. Von oben wurden die Boote von einer Staustufe in die nächste geleitet, ein tosendes Geräusch des ganzen Wassers, das hier durch die Tore runter ins Tal schoss, umgab die ganze Szene. Unzählige Boote verteilten sich auf die einzelnen Kammern, drei bis vier Stück befanden sich gleichzeitig in einer einzelnen Schleusenkammer. Zwei bis drei Mann pro Boot waren zeitgleich an Land unterwegs, um die Taue, mit denen die Boote in der Schleuse gehalten wurden, anzunehmen und zu halten. Dazu gesellten sich noch zahlreiche Schaulustige, Touristen vielleicht, die sich die alte Anlage im Betrieb ansahen.

Die Schleusentreppe lag an einem Hang, unten querte der Fluss *l`Orb* den Bereich und nahm das überschüssige Wasser auf, das bei den Schleusenvorgängen nach unten kam und dort sonst den Kanal zum Überlaufen gebracht hätte. Im Hintergrund war genau gegenüber der Schleusentreppe auf dem Hügel *Béziers* zu sehen, ein wirklich toller Anblick und ein Panoramamotiv, das wohl bereits tausendfach fotografiert worden ist.

Neben der Schleusentreppe war links eine Art Schräge Rampe zu sehen, auf der ein seltsames ehemals blaues Ungetüm vor sich hin rostete. Mit dem Schlepper wollte man einst das Schleusen an diesem Bereich modernisieren, aber bereits bei den Testläufen stellte sich heraus, dass das System so nicht funktionieren konnte. Anstatt die Konstruktion zu überarbeiten wurde kurzerhand das Projekt aufgegeben.

Französische Art eben.

Der ganze Nachmittag lag noch vor uns und jeder vertrieb sich auf seine Art die Zeit der verlängerten Mittagspause.

Hilmar und Mutter wagten sich zu einem Landgang rüber nach *Béziers*, kleinere Einkäufe waren beabsichtigt, eigentlich nur rumbummeln. Es war sehr warm an dem Nachmittag und alles döste vor sich hin. Meine Frau war am Lesen, ich schaute mir den Schlepper genauer an und machte Fotos und Videoaufnahmen und die Kinder versuchten sich mit Angeln im Kanal.

Für den Urlaub hatte ich im Vorfeld für jeden eine kleine Angelausrüstung gekauft und bei der Übernahme des Bootes wurde für die Woche eine Angelkarte für den Urlaub gebucht, die gab es bei den Bootsvermietern als zusätzliches Angebot zu erwerben.

Wir hofften und rechneten nicht damit, dass jemals ein Fisch geangelt werden sollte, aber es kam dann anders.

Ein Aufschrei ging durch das Tal der *Orb*, Frederik hatte einen Fisch an der Angel.

Vor Schreck stand er vollkommen paralysiert am Ufer, die Angel fest in der Hand und machte keinerlei Bewegung, Herr der Situation zu werden.

Bevor ich von der Schleuse runter zum Boot kommen konnte, war bereits ein benachbarter Bootsfahrer Frederik zu Hilfe gekommen und zog für ihn den Fisch aus dem Wasser.

Ein kleiner Karpfen.

Der Putzeimer wurde geholt und mit Wasser befüllt und der Fisch hatte vorerst ein neues Zuhause.

Die Aufregung und der Fisch waren mittelgroß, nach eingehender Beratung wurde allerdings beschlossen, den Fisch wieder in den Kanal zu entlassen, für alle Mann reichte dieses Abendessen bestimmt nicht.

Obwohl wir bereits eine gute Woche in Frankreich und damit der Sonne ausgesetzt waren, machte sich bei uns ein erstes Anzeichen von Sonnenröte bemerkbar. Auf dem Wasser ist die Sonne immer stärker, da sie vom Wasser zusätzlich reflektiert wird, Sonnenbrandgefahr für alle Mitfahrer an Bord.

Langsam und träge kroch der Uhrzeiger in Richtung „es geht gleich weiter", als wir von einem Schweitzer Bootsfahrer angesprochen wurden. Er war privat mit einer größeren Peniche unterwegs, kein Mietboot und er wäre nach uns an der Reihe, um in die Schleuse einzufahren.

Da sein Boot länger sei und damit etwas mehr Platz beim Manövrieren benötige fragte er an, ob er vor uns in die Kammer einfahren dürfte, da wir mir unserem kürzerem Boot etwas wendiger seien. Selbstverständlich wollte er uns nach der Schleusenpassage wieder vorbeilassen.

Diese nette Anfrage stellte für uns kein Problem dar, zumal wir dann von ihm lernen konnten, wie er die Schleuse anfährt und in den Kammern manövriert.

Er bedankte sich herzlich und ging wieder zurück auf sein hinter uns liegendes Boot, ein wirklich schönes Schmuckstück.

Die letzten vier Boote kamen noch nacheinander aus der Schleuse heraus und waren für uns das Zeichen, uns langsam vorzubereiten, da langsam die Uhrzeit für uns kam, mit dem Boot aufzubrechen.

Einige Minuten später wurde tatsächlich die Ampel auf Grün umgeschaltet, es ging los.

Das Boot vor uns fuhr als erstes in die Schleuse ein. Der Schweitzer legte vor uns ab und wir folgten ihm in die erste Kammer der Schleusentreppe hinein. Hinter uns folgte uns noch ein weiteres Mietboot in die ovale Schleusenkammer, hatte aber keinen Platz mehr und musste einen Durchgang abwarten. Pascal und Frederik waren an Land gesprungen und nahmen unsere Taue an, um das Boot sicher an der Wand zu halten. Mit insgesamt drei Schiffen waren wir jetzt in einer Schleusenkammer und erklommen nacheinander die sieben Stufen, bis wir dann nach einer Ewigkeit oben am Ausgang in den Kanal ankamen. Zahlreiche Touristen links und rechts der Anlage schauten sich auch bei uns das Schauspiel an, und wir mitten im Geschehen, alles live. Gegen siebzehn Uhr war es dann, als wir die Ausfahrt aus der oberen Kammer erreichten, alles verlief vollkommen geordnet und ruhig, sehr schnell war für uns in den Schleusen eine Art Routine eingekehrt.

Mit der Ausfahrt aus der oberen Schleuse erreichten wir das sogenannte *Grand Bief*, ab hier war der *Canal du Midi* über vierundfünfzig

Kilometern frei von weiteren Schleusen, hier konnte man den Urlaub etwas mehr genießen, wenn einem die Arbeit in der Schleuse nicht zusagt.

Der Schweitzer Privatfahrer wollte uns passieren lassen, aber wir hatten ihm zuvor mitgeteilt, das dies nicht nötig sei, dafür hatte er sich dann sehr bedankt.

Les sept Ecluses de Fonserannes a Béziers

Um 17:50 Uhr erreichten wir *Colombiers* und fuhren dort in den neuen kleinen Hafen ein, der zu unserer linken Seite lag. Wir waren dort eingefahren und hatten kurz angelegt, um frisches Brot zu kaufen, am frühen Nachmittag hatten Mutter und Hilmar in Béziers kein Glück gehabt, die Läden dort waren alle noch geschlossen gewesen. Wasser konnten wir auch nicht bunkern, der Hafen war noch geschlossen, die Wasserhähne waren noch nicht in Betrieb, es war einfach noch keine Saison, unser Vorrat an Wasser müsste aber noch reichen.

Wenig später entschlossen wir uns zur Weiterfahrt. Der Hafen sah zwar schön aus und hatte im Umfeld ein umfangreiches Angebot an Infrastruktur, aber wenn dies wegen der frühen Jahreszeit nicht in Betrieb ist macht es keinen Sinn, sich das nur von außen anzusehen.

Nachdem wir mit dem Boot auf dem Kanal zurückgekehrt waren wechselte das Umgebung sehr schnell das Aussehen. Bereits nach zwei Kilometern türmten sich rechts und links vom Kanal Hügelwände auf.
Bei Kanalkilometer *PK 199* wurde es dann eng. Mit kleiner Fahrt voraus näherten wir uns dem Tunnel von *Malpas*, der hier einen kleinen Hügel auf einhundertachtzig Metern unterquerte.
Beim Bau des *Canal du Midi* hatte der Erbauer beim Erkunden des Geländes einen kleinen Stollen entdeckt, der für Bergbauzwecke einst angelegt worden war. Kurzerhand wurde der Kanal in den Stollen geführt und der Stollen als Tunnel ausgebaut, so fährt man heute mit dem Boot durch einen Tunnel.
Diese Technik wurde an vielen anderen Orten in Frankreich ähnlich aufgenommen, allein am Oberlauf der *Saône* gibt es mehrere Tunnels.

Bei der Einfahrt in den Tunnel hatten wir, wie an der Kanalbrücke über den *l'Orb* auf beiden Seiten des Bootes gefühlt noch einen Meter Platz, zum Glück hatten wir auch hier keinen Gegenverkehr.
Zur Sicherheit wurde das Horn benutzt, um einem eventuellen Gegenverkehr unsere Anwesenheit zu übermitteln, aber aus der anderen Richtung kam keine Antwort zu uns zurück.
Der Tunnel selber hatte auf dieser kurzen Strecke keine Beleuchtung, im Zwielicht der auf der anderen Seite des Tunnels untergehenden Sonne war die Sicht teilweise eingeschränkt, zur Sicherheit hatte ich die Navigationsbeleuchtung eingeschaltet, falls uns doch ein anderes Boot entgegenkommen sollte. Der Motorenlärm prallte auf den grob gehauenen Felsen der Tunnelwandung und wurde von dort zurück auf das Wasser reflektiert, der eigentliche Schallpegel des Motors wurde um einiges erhöht.
Ohne den Tunnel zum Einsturz zu bringen erreichten wir sicher die Ausfahrt auf der anderen Seite.

Le Tunnel de Malpas

Langsam aufkommender Hunger ließ uns dann ein kurzes Stück später hinter dem Tunnel zum Anhalten und Anlegen auf freier Strecke bewegen. Es war fast neunzehn Uhr, ein langer Tag, den wir verlebt hatten und irgendwann sollte auch einmal Schluss sein. Hier in der freien Natur gab es keine Poller zum Festmachen des Bootes am Ufer, kein Baum oder Wegeschild, an dem man Anlegen und das Boot mit den Festmachern sichern konnte.

Wie in dem Kapitänshandbuch beschrieben, ist dies keine Seltenheit und alternativ konnte man die im Boot vorhandenen Eisenstangen mit einem Hammer in den Boden am Ufer rammen und das Boot eigentlich daran vertäuen.

Das konnte jederzeit so gehandhabt werden, das Anlegen auf freier Strecke war nicht verboten, es gab nur einige wesentlichen Dinge dabei zu beachten. Die Seile sollten keinen Fuß- oder Radweg kreuzen, dies stellte eine Sturzgefahr für Fahrradfahrer und Jogger, speziell im Dunkeln dar.

Kurzerhand wurde die Crew alarmiert und über die Absichten der Schiffsführung informiert.

Mit schneckenrasender Geschwindigkeit lenkte ich das Boot in einem stumpfen Winkel an das Ufer heran, um dort anzulegen zu können. Der Kanal hat zum Glück die Form eines Troges, man konnte überall ohne Probleme sehr nahe an das Ufer heranfahren, ohne auf Grund zu laufen. Trotzdem wurde auf dem Vorschiff ein Ausguck platziert, der aufpasste, dass wir nicht auf irgendetwas im Uferbereich unter Wasser auflaufen würden.

Schwuppdiwupp sprangen meine Matrosen an Land und zogen mit den übergeworfenen Festmachern das Boot an den Kanalrand heran. Die beiden Jungs hielten das Boot mit Hilfe der Taue parallel zu der Böschung, so dass ich als Kommandant der *Buccaneer 6* an Land gehen konnte, um die *Locals* zu begrüßen.

Aber kein Einheimischer war vor Ort, und wenn dann hätte er uns wohl wahrscheinlich den Finger gezeigt.

Touristen!!

Die beiden Jungs hielten das Boot am Ufer und Hilmar haute mit mir zusammen die Haltepflöcke in den Uferstreiften, um dort das Boot für die Nacht zu vertäuen. Nachdem die Seile und deren Befestigung überprüft worden war wurde der Motor abgestellt. Hier wollten wir nun die Nacht verbringen.

Zu bemerken ist, dass die Seile nur um die schräg eingetrieben Pflöcke geführt wurden und auf dem Boot an den dortigen Klampen belegt worden. Würden die Taue am Pflock verknotet bestand die Gefahr, dass durch leichte Bewegungen des Bootes im Wasser die Pflöcke losgedreht werden.

Kapitänshandbuch, Seite elfundzwanzig.

Die K-Mannschaft bekam das Signal für freie Fahrt am Ofen, um mit dem Abendessen zu starten, und ich betrachtete noch einmal vom Ufer aus das Geschehen unserer Anlandung.

Jetzt waren wir bereits einen ganzen Tag auf See, ich meine natürlich mit dem Boot auf dem Kanal unterwegs, und alles fühlte sich bereits so vertraut an.

Bei einem Glas Rouge betrachtete ich noch einmal den Kanalführer und fing an einen Kassensturz zu machen, denn der heutige Tag war doch sehr umfangreich gewesen.

Seit der Abfahrt am Morgen in *Portiragnes* hatten wir in den neun Stunden und fünfzig Minuten Reisezeit zwanzig Kilometer zurückgelegt, zwölf Schleusen und ein Tunnel wurden dabei durchquert.

Ich fühlte mich so, als ob ich mich mit *Vasco de Gama, James Cook* und *Amerigo Vespucci*, den großen Seefahrern und Entdecken, einreihen konnte, dabei durfte ich nur für eine Woche mit einem „Blödboot" fahren auf einem Kanal rumfahren.

Der Speiseplan von dem Abend ist nicht mehr überliefert, aber im Logbucheintrag war auch nichts von Beschwerden oder gar von einer Meuterei zu finden.

Die Kinder verschwanden mit ihren Game-Boys in ihrer Kabine, die Borddusche wurde noch getestet, anschließend wurde sich im Salon bei einer Flasche Wein noch etwa zusammengesetzt und über den vergangenen und erlebten Tag zu reden.

Es war schön, den langen Tag im Nachgang zu besprechen und noch eine Weile gemütlich beieinander zu sitzen.

Irgendwann wurde Klarschiff gemacht, der Salon in einen Schlafplatz umgeräumt und dann kehrte Ruhe ein auf dem Schiff.

Noch etwas Lesen?

Ab ins Bett, Licht aus und Ruhe im Schiff, ………..

Auf dem Grand Bief

Diesmal hatten wir zwei im Vorschiff hier vorne bei unserer zweiten Übernachtung an Bord eine viel ruhigere Nacht als am Tag zuvor verbracht. Kein Wasserplätschern vom Schleusentor, keine Kirschturmglocke, die stündlich bimmelte, nichts hatte unsere Nachtruhe gestört, fast schon perfekt, könnte man meinen.

Wenn sich da nicht gegen sechs Uhr morgens ein Geräusch bemerkbar machte, das langsam näherzukommen schien. Ein Geräusch wie von einem Trecker, der irgendwo auf einem Feldweg unterwegs war, aber irgendwie war da noch ein anderes Geräusch dabei, man hörte Wasser gurgeln.

Und dann wurde es fast schon unheimlich. Der gesamte Kanal wurde in ein grelles hellgelbes Licht geflutet, das durch die zugezogenen Vorhänge in den Salon eindrang und den Wohnbereich gespenstig erleuchtete. Das Licht- und Schattenspiel im Salon wanderte entlang der Wände durch den Raum, kurz darauf näherte sich ein Boot unserer Anlegestelle.

Dort an Bord wurde nichts unternommen, um die Geschwindigkeit zu vermindern, als es unsere Höhe erreichte und an uns vorbeifuhr.

So schnell es gekommen war, so schnell war es dann auch verschwunden, und dass um diese frühe und ungewöhnliche Zeit.

Da war jemand mit einem Boot unterwegs zur Arbeit!

Mit einem ehemaligen Hausboot, wie cool ist das denn?

Das Boot reagierte auf den Sog mit einer Verlagerung am Ufer, drehte aber kurz darauf, als der Wellenschlag vorbei war, wieder zurück in die alte Position.

Als das Geräusch vorüber war konnte ich danach nicht wieder zur Ruhe finden, geschweige denn Einschlafen, bin ich doch gerne früh wach, um das Umfeld zu erkunden.

Die Geräusche und der Gesang zahlreicher Vögel in der Platanenallee rechts und links des Kanals bewegten mich zum Aufstehen und zu einem anschließenden Landgang.

Noch war hinten an Bord alles still, unsere Nachtwache Frederik war eingepennt und ratzte in seiner Kabine, der arme Pascal, der das dort Aushalten musste.

Nein, es gab keine Nachtwache, so etwas war auf einem Boot auf dem Kanal nicht nötig und wir hatten keine Wachen eingeteilt.

Angekleidet und zusätzlich mit einem Pullover gewappnet verlies ich leise das Boot, um die anderen Mitreisenden in ihren Seefahrerabenteuerträumen nicht zu wecken.

Alles still hier draußen, nur die Vögel in den Bäumen waren zu hören, die dort oben in den Ästen vollkommen Unsichtbar für mich einen ordentlichen Krach machten.

Mit einer leicht rötlichen Farbe kündigte sich in der Ferne im Osten am Himmel der Sonnenaufgang im *Languedoc* an.

Die Luft war leicht feucht und kühl, über dem Wasser stand etwas Dunst, etwa vierzig Zentimeter hoch über der Wasseroberfläche. Die Luft roch angenehm frisch nach den wilden Kräutern von den Feldrändern der Weinberge, die sich an den *Canal du Midi* schmiegten und ihn ab hier über weite Strecken begleiteten.

Wir hatten gestern nicht sehr weit hinter dem Tunnel von *Malpas* angelegt, den wir gestern zum Schluss noch durchfahren hatten. Ich überlegte einen kurzen Augenblick, wohin ich mich wenden sollte und entschied mich dafür, zum Tunnel zurück zu gehen. Auf dem Treidelpfad marschierte ich die paar hundert Meter zurück über den feuchten Weg, bis der Kanal vor mir in einem dunklen Loch unterhalb des kleinen Hügels verschwand.

Zwanzig oder vierzig Meter vor dem Tunnelportal führte der Treidelpfad, dem ich noch immer folgte, vom Kanal einen leichten Hügel hinauf und querte dort eine kleinere Straße, die auf dem Hügelkam durch die Felder führte.

Auf der anderen Seite des Hügels eröffnete sich eine weite Ebene, in dessen Zentrum der *Étang du Montady* lag. Hier wurde im Mittelalter ein Sumpf durch sternförmig angelegte Rinnen trockengelegt, die dadurch entstandenen Parzellen waren mit unterschiedlichen Pflanzen bewachsen, dass das ganze Gebiet in verschiedenen Farben erscheinen ließ.

Ein wunderschöner Anblick, auch an dem so frühen Morgen.

Le Étang du Montady

Langsam wurde es Zeit für mich, umzudrehen und wieder zum Boot zurückzukehren. Als ich den Weg hinab zum Kanal wanderte, sah es so aus, als ob das Boot in einer feurigen Glut schwimmt.
Der Kanal fing das rote Licht vom Sonnenaufgang ein und reflektiert es auf der Wasseroberfläche, das dem Ganzen dieses großartige Bild gab, so als ob das Boot auf einem Lavastrom gefangen schwimmt.

Heute hatte ich bereits vor dem Frühstück einige Landschaftsbilder gesehen und aufgenommen, die man so zu einem schönen Kalender zusammenfügen hätte können.

Langsam kehrte Leben zurück auf dem Boot, große Teile der Mannschaft krabbelten aus ihrem Nachtlager.

Für das Frühstück fehlte uns heute Morgen noch frisches Baguette, da wir uns am Vortag in *Colombiers* noch nicht einmal für den Abend versorgen konnten, Weitsicht war an dem Tag Fehlanzeige, was soll's.

Pascal war als einziger noch in der Koje verschwunden, der Rest der Crew war im Bad, in der Dusche oder mit sonst was beschäftigt, Zeit die Weiterfahrt in den nächsten Ort zur Bäckerei zu starten.
Der Motor wurde angelassen und mit Frederiks Hilfe wurde das Ablegen vorbereitet. Frederik hielt das Tau an Land und ich klopfte die Eisenstangen mit dem dicken Hammer los, mit dem jedes Boot zu diesem Zweck ausgestattet war. Einmal hinten, einmal vorne, und dann waren wir frei.
Die Stangen wurden mitsamt dem Hammer an Bord gebracht, dann folgte Frederik mir ebenfalls auf das Boot. Da der Kanal so gut wie keine Strömung hatte, schon gar nicht, wenn die Schleusen noch nicht in Betrieb waren, trieb das Boot auch nur gering vom Ufer ab.
Vier Kilometer trennten uns von hier bis zum nächsten Bäcker, das würde keine halbe Stunde dauern.
Das Ruder wurde auf Land gelegt und mit einem leichten Gasschub vorwärts drückte ich das Boot ans Ufer. Dadurch kam das Heck hinten frei und ich konnte das Boot mit dem Rückwärtsgang vom Ufer in die Kanalmiete ziehen. Dann ging es im Vorwärtsgang los.
Die Landschaft wirkte genauso idyllisch wie am Vortag. Die Platanenallee setzte sich einige hundert Meter nach dem Tunnel wieder fort, und neben dem Kanal lagen rechts und links vom Ufer weite grüne Weinberge, soweit das Auge sehen konnte.
Das kurze Stück unserer Strecke bis zum nächsten Ort führte uns über ein Aquädukt, der den Fluss *Thou* querte, dann folgten zwei enge Kanalbiegungen, und schließlich erreichten wir *Poilhès*.
Links vor einer malerischen Bogenbrücke befand sich ein kleiner Anlegekai, der auch als Haltepunkt im Kanalführer ausgewiesen war. Dort legten wir mit der *Buccaneer 6* an. Am Anlegeplatz gab es sogar eine Art Parkuhr, an der man für zehn Francs Wasser beziehen konnte.
Schnell wurde im Ort Baguette besorgt, inzwischen war der Kaffee fertig und der Frühstückstisch gedeckt.
So konnte man es sich gut gehen lassen.

Nach dem gemütlichen Halt in *Poilhès* wurde der Kanalführer studiert und das nächste Ziel festgelegt. Es zog es uns weiter nach *Capestrang*, dass es nach einer Fahrt von fünf Kilometer zu entdecken gab. Dem Kanalführer entnahmen wir, dass wir dort noch einen Markt antreffen konnten, der dort an zwei Tagen in der Woche abgehalten wurde. Aber bis zur Mittagszeit, hier im Süden hielt man sich strikt an diese heiligen Regeln, hatten wir nicht allzu viel Zeit.

So hieß es dann zum zweiten Mal an diesem Tag Leinen los und Volldampf voraus.

Mit sechs bis acht Stundenkilometern, wie im Kanal erlaubt, waren wir nach einer halben Stunde dem zweiten Aufenthalt an diesem Vormittag nähergekommen.

Auf dem Weg nach *Capestrang* führte unsere Route auf dem Wasserweg über den *Aqueduc de Guery*, der an der gleichnamigen *Domaine de Guery,* ein vierhundert Jahre altes Weingut, gelegen war. Dort sollte es einen ausgezeichneten Weinkeller geben, aber wir wollten zum Markt, also hatten wir wieder ein Ausflugsthema für die Rückreise, wenn zum Ende der Woche der Kanal in Gegenrichtung befahren wird.

In fast jedem Ort am Kanal befand sich in der Ortsmitte eine kleine Brücke, über die eine mehr oder weniger wichtige Straße der Umgebung führte, so war es auch hier in *Capestrang*.

Vor der Brücke war das Kanalufer mit Steineinfassungen befestigt und hier gab es wieder die schon gewohnten Eisenringe zum Festmachen des Bootes, die wir dankend benutzten.

Das Anlegen gegen die Steinmauer versuchte ich etwas sanfter zu fahren als gegen die bisher gewohnte Uferböschung, da die Steine mit Sicherheit nicht so nachgeben sollten wie die lockere Uferwiese. Im Prinzip verfolgte ich dasselbe Verfahren wie in den Schleusenkammern, die waren auch nicht aus Gummi gebaut.

Nach dem Anlegen wurde das Boot verschlossen und mit der gesamten Besatzung ging es runter in den Ortskern bei der Kirche, der etwas unterhalb des *Canal du Midi* gelegen war. Die Dörfer im Süden waren fast alle gleich aufgebaut, was die Sache vereinfachte, wenn man als ortsfremder etwas suchte. Dort würden wir mit Sicherheit den Marktplatz antreffen können, um unseren Proviant aufzustocken.

Und genau so war es.

Eine uralte, teilweise stark baufällige Kirche im Ortskern wurde von einer Handvoll Marktbuden umsäumt, um sie herum herrschte ein buntes Treiben, aber bei weitem nicht so wie wir es von *La Ciotat* oder *St.Cyr-sur-Mer* oder den anderen Orten an der *Cote Provence* her kannten. Wir erlebten hier in *Capestrang* vielleicht den Höhepunkt der Woche, der Markttag.

„Ah, Madame, wie geht 's? Schon gehört?"

„Ne, wie? Ach, sagen Sie bloß"

So wie überall in Frankreich war es auch hier das gleiche Bild, wohin man auch schaute. In der einer Ecke standen Personen zusammen, um sich die Neuigkeiten der vergangenen Tage zu erzählen, in einer anderen Ecke wurde Boule gespielt, das typische Klack, wenn die geworfenen Stahlkugeln aneinander schlugen und sich berührten, war nicht zu überhören.

Der Markt bestand aus drei bis fünf festeren Ständen unter Sonnenschirmen und gab um diese Jahreszeit noch nicht allzu viel her. Das typisch frische Gemüse der Region wurde genauso angeboten wie einfachere Haushaltswaren oder gar diverse Kleidungsstücke, die man auch anprobieren konnte. Zur Umkleide diente die Ladefläche der Kleintransporter, mit denen die Ware und der Stand angeliefert wurde. Im Sommer, wenn mehr Kanaltouristen unterwegs waren, sah es hier garantiert anders aus.

Das Angebot konnte uns nicht sonderlich begeistern, und frisches Gemüse und Kartoffeln hatten wir noch genug an Bord, ein paar Tomaten gingen, ein paar frische Tomaten gehen immer.

Dafür fanden wir aber eine kleine Fleischerei direkt am Kirchplatz, in der es nur das Beste vom Feinsten gab.

In einem Tauschgeschäft gab es dann etwas buntes Papier gegen ein paar Stücke Bavette, ein Rinderfilet der besonderen Art. Das war dann doch noch eine gute Ausbeute für den kurzen Marktbesuch.

Zurück am Boot wurden von mir auf der Brücke aus ein paar Fotos aufgenommen, wie der Rest der Besatzung die Einkäufe von Land an Bord schaffte.

Im Boot wurde das frische gekaufte Fleisch im Kühlschrank verstaut, das Brot kam in den Brotbeutel und der Rest der Einkäufe fand auch irgendwo seinen Platz.

Nach diesem anstrengendem Bummel über den Markt machten wir uns bereit zum Ablegen und wenig später waren wir wieder im Fahrwasser unterwegs.

Der Kanal schlängelte sich hier an den Hügeln entlang und mäanderförmig fuhren wir einige Kilometer dem Wasser folgend, obwohl wir aus der Luftlinie betrachtet kaum vorwärtskamen. Die Sonne stand hoch am Himmel und es wurde zunehmend wärmer, auch im Boot. An den offenen Stellen zwischen den Bäumen bemerkte man, wie kräftig sie bereits schien. Zum Glück begleitete uns die schattenspendende Platanenallee auch hier beidseitig am Ufer, das zeitweise in grüne Wiesenstreifen überging.

Der Hunger kam auf und wurde stärker, daher entschieden wir uns, für unsere Mittagspause am Ufer anzulegen. Bei *PK 174* fanden wir eine für uns geeignete Stelle. Die Mannschaft machte sich fertig für das Anlegen, während ich langsam die angepeilte Stelle am Ufer bei der schönen schattigen Wiesenfläche ansteuerte, die wir uns zuvor ausgesucht hatten. Vorne und hinten sprangen die Matrosen mit der Leine bewaffnet an Land Und zogen das Boot ans Ufer.

Hier wurden, wie auch am Vortag für unsere Übernachtung die Eisenstäbe in der Nähe des Ufers in den Boden getrieben, um daran das Boot zu befestigen. Der Motor wurde abgestellt und im Salon wurde ein kleiner Picknicktisch versehen mit den Leckereien vom Markt und aus dem Kühlschrank aufgebaut.

Nach dem Mittagessen legten wir einige Decken an Land in den Schatten der Bäumen und genossen hier auf den Wiesen den Duft der frischen Blumen und Kräuter, den uns der beständige Wind von den Feldrändern auf der anderen Seite des Kanals zu uns herüberwehte.

Wir träumen in der Sonne vor uns hin und genossen für eine Weile den Tag, so ließ es sich aushalten.

Nach einiger Zeit wurden wir auf ein Motorengeräusch aufmerksam, dass sich langsam näherte. Kurz darauf wurden wir freudig mit einer Hupsignal begrüßt.

Die Peniche von dem Schweizer, dem wir gestern an der Schleusentreppe den Vortritt ließen, näherte sich unserem Liegeplatz.

Er winkte freudig herüber, als er mit seinem Boot an unserem vorbeizog, als wären wir alte Bekannte.

So macht man sich Freunde auf der Welt.

Als die Peniche hinter der nächsten Kurve verschwunden war konnte man noch einen kurzen Moment das allmählich abklingende Geräusch des Motors vernehmen, danach kehrte wieder diese fast absolute Stille ein.
Eine Weile dösten wir so vor uns hin, jeder in seinen Gedanken versunken, die beiden Jungs mit Angelversuchen beschäftigt, aber dann machte sich aufkommende Unruhe breit, es zog uns weiter. Die Decken wurden eingesammelt und wieder auf dem Boot verstaut, für uns galt es die weitere Fahrt zu planen.
Wir konnten dem *Canal du Midi* folgend weiterfahren, hatten aber auch die Möglichkeit, wenige Kilometer weiter in den *Canal de Junction* und in dessen Verlängerung in den *Canal de la Robine* einzufahren. Diese Kanalachse führte über unzählige Schleusen die dreißig Kilometer hinunter nach Narbonne und anschließend weiter ans Mittelmeer.
Auf den ersten Kilometern im oberen Abschnitt drohten uns allerdings sehr viele Schleusen und das Mittelmeer kannten wir eigentlich zur Genüge.
So zogen wir es vor, diesen Abzweig nicht zu nehmen und auf dem *Canal du Midi* zu bleiben.

Unsere Devise lautete: Weiterfahrt auf dem *Canal du Midi* in Richtung *Carcassonne*.

Dafür hatte sich die Mehrheit der beiden stimmberechtigten Crewmitglieder ausgesprochen, und wir hofften alle, dass dies kein Fehler war.
Die längere Mittagspause wurde für beendet erklärt, wir legten ab und mit navigatorischer Spitzenleistung brachte ich das Boot dazu, uns brav auf unseren bisherigen Kurs zurück zu bringen.
Nach einer knappen Stunde Fahrzeit passierten den Abzweig in den Kanal nach *Narbonne* und konnten von unserer Position einsehen, wie es dort die nächsten vier Kilometer fast geradeaus durch fünf oder sechs Schleusen ging. Unsere Wahl schien die richtige Entscheidung gewesen

zu sein, da die Baumallee, die uns am *Canal du Midi* begleitete, diesem Verlauf zum Mittelmeer nicht folgte. Dort wären wir auf einer weiten Strecke der prallen Sonne ausgesetzt gewesen, nicht auszudenken.
Wir tuckerten mit dem Boot weiter und erreichten nach zwei Kilometern den nächsten wunderschönen Ort, *Le Somail*.
Dieser kleine Ort war eine ehemalige Postschifferstation aus dem 18. Jahrhundert und wird geprägt durch einen großen runden Turm. In ihm wurde früher über den ganzen Sommer hin Eis aufbewahrt, das selbst im Hochsommer durch die dicken Mauern geschützt nicht zum Abschmelzen kam, so die Information zu dem Ort im Kanalführer.

Le Pont de Canal de le Somail

Diese alte Steinbrücke, mit dem Turm auf der anderen Seite des Kanals in der Nähe, ist ein beliebtes Fotomotiv, und auf vielen Postkarten vom *Canal du Midi* ist dieses Motiv abgebildet zu finden.
Vor und hinter der Brücke lagen beidseitig des Ufers unzählige Boote vertäut, groß, klein, alt, neu und erschwerten es uns einen geeigneten Anlegeplatz für einen kleinen Zwischenstopp zu finden.
Fast schon hinter dem Ort hatten wir dann doch noch Glück und fanden eine freie Stelle, die uns für uns geeignet erschien. Dort legten wir an und machten einen kleinen Landgang durch das Örtchen, einfach ein Muss, wenn man hier, ob mit Boot, Auto oder wie auch immer, vorbeikommt.

Das im Kanalführer empfohlene Antiquariat hatte leider zu, von außen betrachtet war es mehr eine Bildergalerie, wie uns schien und aus unserer Sicht zu übertriebenen Preisen.

Aber das konnte man nur genauer beurteilen, wenn man es besichtigt hat und sich einen Überblick über die Exponate bilden konnte. Schade, das hätte uns bestimmt interessiert.

Nach dem Rundgang kamen wir wieder zurück zum Boot. Wir entschlossen uns um 17:20 Uhr noch zur Weiterfahrt.

Die Topografie der Landschaft links und rechts des Kanals veränderte sich erneut. Während auf der einen Seite Felder, Wälder und Wiesen die Hügelausläufer bestimmten, war das andere Ufer nur von Weinfeldern umgeben.

Die Beinamen der Ortschaften zeigten es uns deutlich an: wir waren im *Minervois* angekommen, ein ausgeprägtes Weinanbaugebiet, dass sich von den einfacheren Weinen im *Languedoc* und im *Hérault* deutlich absetzte.

Vor einigen Kilometern gesellte sich der Fluss *l'Aude* zu uns, den man vom Kanal aus an vielen Stellen immer wieder erblicken konnte.

Eine Stunde nach der Abfahrt aus *le Somail* passierten wir die Ortschaft *Paraza*, die wenige Kilometer hinter einer Kanalbrücke über den kleinen Fluss *La Répudre* führte.

Wir entschlossen uns noch die drei Kilometer bis *Roubia* weiter zu fahren, um dort den Tag zu beenden. Hier schlugen wir unser Nachtlager auf beziehungsweise legten mit dem Boot an. Von unserem Liegeplatz im Ort hatten wir es dann morgen nicht so weit bis zur nächsten Bäckerei.

Hier kam nun auch endlich das Fleisch in die Pfanne, dass wir am Mittag auf dem Markt in *Capestrang*, also genauer gesagt in der Metzgerei nebenan, gekauft hatten.

Nach dem Abendessen verzogen sich die Kinder mit ihren Game Boys in ihre Kabine zurück, die Älteren von uns saßen noch eine ganze Weile am Tisch, es gab noch immer viel zu erzählen.

Irgendwann war es dann aber auch für uns Zeit zu Bett zu gehen.

Wir verbrachten auch hier eine wunderbar ruhige Nacht. Am nächsten Morgen wurden im Ort Croissants und Baguette gekauft und nach einem ausgiebigen Frühstück ging es dann weiter auf unserer Reise, die uns nun auf dem Kanal näher an die Hügelausläufer brachte, die im erweiterten Sinne bereits zu den Randausläufern der Pyrenäen zählte. Etwa zwei bis drei Kilometer hinter unserem Übernachtungsplatz kam nun die erste Schleuse nach vierundfünfzig Kilometern auf uns zu. Ob wir noch wussten, wie das ging?

Ab hier kam der Fluss *l'Aude,* der uns bereits am Vortag begleitete, ein paar Kilometer sehr nahe neben dem Kanal heran, allerdings gab es einen deutlichen Höhenunterschied zwischen dem Kanal und dem Fluss unterhalb.

Hier wurde der Kanal etwas enger und wie sollte es auch anders sein, ausgerechnet hier kam uns ein größerer Lastkahn entgegen. Es gab keine andere Wahl, hier konnte man nur die Fahrt zurücknehmen und das Boot ans rechte Ufer legen, damit der Kahn vorbeikommt. Ich drückte das Boot ans Ufer und die Jungs hielten von Land aus die Festmacher, bis das wesentlich größere Schiff an uns vorbei war. Aber das war nicht ganz so einfach, da das Schiff bei seiner Vorbeifahrt ordentlich Wasser ansaugte und die Jungs mussten ordentlich an den Seilen ziehen, damit unser Boot nicht mitgezogen wurde. Der Kahn lag fast so tief im Wasser wie das Kanalbett tief war, das merkte man an dem braunen Schlick, der vom Kahn aufgewirbelt wurde.

Nachdem der Lastkahn vorbei war sammelte ich meine Crew wieder ein, um die Fahrt fortzusetzen.

Die Landschaft änderte sich erneut und nahm das Aussehen und die Form an, die einen etwas an den *Donaudurchbruch* erinnerte, aber bei weitem nicht so gewaltig und ausgeprägt. Nach einer engen Biegung über fast 180° erreichten wir die Schleuse *Pech Laurier*, eine wunderschöne und sehr gepflegte Doppelschleuse, wie sie auch im Kanalführer verzeichnet war.

Alles lief wie am Schnürchen, hier hatten wir keinen längeren Aufenthalt gebraucht. Drei Kilometer später erreichten wir die Sicherheitsschleuse von *Ognon*. Der Kanal überquert hier über einer engen, in einer Kurve gelegenen Steinbrücke eine Schlucht, in der sich der Fluss *Ognon* unten seinen Weg tief ins Gestein gegraben hat.

In der Landschaft, den der Kanal hier durchschnitt, hatten wir tatsächlich den Eindruck, bergauf zu fahren, da wir hier immer mehr in die Hügel kamen und die Schluchten immer tiefer wurden.

Nach einer weiteren Doppelschleuse legten wir bei *PK 145* passend zur Mittagszeit im Kanalhafen von *Homps* an.

Eine sehr schöne städtische Hafenanlage hatten wir hier erreicht. Auf der einen Seite befand sich eine großzügige Anlage zum Anlegen für durchfahrende Boote, gegenüber gab es ein kleines Hafenbecken für Dauerlieger, und vor der kleinen Bogenbrücke, die die beiden Bereiche verband, war eine Mietbootbasis installiert, vor der einige Mietboote auf Gäste warteten.

Nach dem Anlegen trennte sich die Mannschaft hier für kleinere Einkäufe, während ich Wasser bunkerte, der Wasserhahn in unmittelbarer Nähe zum Boot musste dringend ausgenutzt werden.

Sehr viel Wasser hatten wir vermutlich auf der bisherigen Fahrt nicht verbraucht, aber ich hatte keinen Überblick darüber, wieviel Wasser letztendlich in das Boot passte.

Nach fünfzehn bis zwanzig Minuten war ich mit dem Auffüllen des Wassers in den Bootstank (für Wasser !!!) fertig, aber da die Landgänger noch nicht erschienen waren ging ich hinterher in den Ort, um sie zu suchen.

Die Anzahl an Geschäften war nicht besonders groß, die Suche galt eigentlich nur einem Lebensmittelgeschäft oder einem Bäcker.

Die meisten Läden waren wie erwartet zu, wie üblich zur Mittagszeit. Ich folgte der vermutlichen Hauptstraße durch die zweigeschossigen Häuserschluchten. Ein kleiner alter und zerfallener Friedhof lag an meinem Weg runter durch den Ort, der jüngste Grabstein war von neunzehnhundertfünfundsiebzig, wie ich vom Trottoir aus erblicken konnte. Der Friedhof sah allerdings aus, als sei er seit hundert Jahren nicht benutzt worden, alles war sehr verwildert und ungepflegt.

Am unteren Ende der Hauptstraße, fast am Ortsausgang, war einer Tankstelle ein kleiner Supermarkt angeschlossen. Hier konnten wir die von uns benötigte Sachen besorgen, und was man noch so an brauchbarem vorfand.

Nach dem Bezahlen ging es hoch zurück zum *Canal du Midi* und zurück zum Boot. Obwohl es jetzt zur Mittagszeit sehr warm war nahm der Wind beständig zu, der warme Luftstrom kam uns entgegen und erschwerte uns den Aufstieg entlang der Straße.

Unten am Mittelmeer würde man bestimmt sagen, das sei der Mistral, verschloss die Fensterläden und würde die nächsten drei Tage nicht mehr aus dem Haus kommen.

Oben am Kanal angekommen krabbelten wir zurück an Bord, verstauten die Einkäufe und machten unsere Mittagspause, da wir hier mitten im Ort einen optimalen Platz dafür gefunden hatten.

Beim Essen beratschlagten wir unsere weitere Reise, da wir hier bereits fast die Hälfte unserer Mietzeit erreicht hatten. Wegen der bisherigen guten Wetterlage beschlossen wir uns zur Umkehr, um in der Gegenrichtung über unsere Abfahrtbasis hinaus die Region um *Agde* am Mittelmeer auch noch etwas zu erkunden.

Nach dem Ablegen nach vierzehn Uhr wird im Außenhafen von *Homps* das Boot gewendet. Die Einfahrt in den kleinen Hafen konnte man gut dazu benutzen, um ohne Probleme die Fahrtrichtung zu wechseln, alles war breit genug.

Auf der anderen Seite der kleinen Brücke fuhr ein anderes Mietboot los, allerdings in die Richtung, aus der wir gerade kamen. Die Crew hatte es wohl sehr eilig, er hätte uns eigentlich erst passieren lassen müssen.

Wohl aus Platzgründen hatte die Crew beim Halt in *Homps* zwei Fahrräder nach Oben auf das Dach gestellt, vor der Abfahrt aber dann vergessen, diese wieder herunter nach unten zu räumen.

Und was passierte?

Genau!

Es gab einen lauten Rumms, als die Fahrräder sich an der Brücke verhakten, nach hinten über das Dach gezogen wurden und runterflogen, als das Boot unter der Bogenbrücke durchfuhr. Zum Glück landeten die Fahrräder aber nur auf dem hinteren Deck.

Lässig kam einer der Matrosen der Mannschaft vorne aus dem Boot nach Draußen und kontrollierte, was das denn für ein seltsames Geräusch gerade gewesen war, konnte aber keine Ursache finden.

Er hätte mal hinten nachsehen sollen, dann hätte es bei ihm geklingelt.

Wir setzten belustigt unsere Fahrt fort und erreichten nach nur wenigen Metern die Schleuse von *Homps*, die wir nun zum zweiten Male an diesem Tage durchfahren wollten und die nun für uns einen neuen, aber einfacheren Ablauf beim Schleusen bedeutete: Seit der Wende vorhin fuhren wir wieder zu Tal, also erfolgten alle nun kommenden Schleusenvorgänge von oben nach unten, das heißt, wir fuhren in die Schleuse im Oberwasser ein, belegten unsere Taue um die Poller und dann ging es in der Schleusenkammer abwärts.
Ein viel einfacherer Ablauf als zuvor die Schleusungen zu Berg, wie wir schnell feststellen konnten.
Bereits fünf oder sechshundert Meter später kamen wir wieder an die Doppelschleuse von *Ognon*, die mit der neuen Technik genauso problemlos bewältigt wurde.
Nach dem Verlassen der Schleuse legten wir hinter dem *Aqueduc d`Ognon* noch einmal an, um uns dieses Bauwerk über die kleine, aber imposante Schlucht noch einmal näher ansehen.
Unten rauschte das Wasser in einem kleineren Bach durch ein enges Steinbett, das einem erahnen ließ, was hier los ist, wenn es hier in der Region einmal einen heftigen Wolkenbruch gab.
Der weibliche und nicht ganz so schwindelfreie Teil der Crew war indessen am Wegesrand damit beschäftigt, Gräser und Feldblumen für einen Strauß Blumen zu pflücken, der sollte dann die nächsten Tage den Tisch im Salon zieren.
Unter den Gräsern war auch wilder Weizen zu finden, der die Blumenpflücker anlockte. Die so entstandenen zwei Sträuße sahen recht nett aus, aber sie sollten nicht lange halten, bereits nach einigen Tagen zerfielen sie in ihre Bestandteile.
Blumensträuße und Besatzung waren zurück an Bord und es ging weiter mit unserer Fahrt.
Entlang eines Berghanges lag der Kanal oberhalb der *l'Aude* und wurde über zwei weitere, aber nicht so eindrucksvolle Aquädukte zur Schleuse *Pech Laurier* geführt.

Die Schleuse gab ihrem Namen Recht.

Pech Laurier.

Pech.

Drama in der Schleuse

Eigentlich fing alles so harmlos an, aber Unfälle entstehen vielfach aus solchen Situationen heraus.

Wir kamen ganz normal an die Schleuse herangefahren und bekamen kurz vor unserer Ankunft das Signal, die Schleuse würde für uns vorbereitet. Kurz darauf öffnete sich das Tor und wir konnten direkt, ohne zu stoppen, in die Schleuse einfahren. Wir legten an der Backbordseite in der Kammer an und mussten anschließend in der Schleuse warten, da hinter uns noch ein Boot in gleicher Fahrtrichtung gemeldet worden war, aber es war noch nicht zu sehen.

Ich stellte den Motor ab und prüfte vorne die Belegung des Taues um den Poller, das Pascal vorgenommen hatte. Wie so oft in solchen Situationen wurden mit dem Schleusenwärter ein paar Worte gewechselt. Hilmar war da der Meister drin. Eine gekühlte Flasche Bier wechselte zwischenzeitlich den Besitzer, alles so, wie wir es immer machten und auch am heutigen Tage bereits ein paar Mal erlebt hatten.

Zwei Boote kamen wenig später in einigem Abstand voneinander um die Kanalkurve, bis zur Schleuse waren sie noch etwa zwei Kilometer entfernt.

Das erste Boot fuhr nach einigen Minuten in die Kammer ein und legte sich seitlich neben uns in die Kammer, um dort auf der anderen Seite die Poller zu belegen, das andere Boot hatte noch eine kurze Strecke bis zur Schleuse zurückzulegen.

Das Boot fuhr mit hoher Geschwindigkeit auf die Schleuse zu, wollte es doch noch beim Schleusenvorgang dabei sein. Mit fast gleicher Geschwindigkeit kam das Boot anschließend in die Schleuse herein, konnte die Fahrt nicht mehr rechtzeitig abbremsen und rumste mit einem harten Schlag hinten in unser Boot hinein.

Sofort wurde hinten nachgesehen, ob an dem Boot etwas beschädigt wurde.

Hilmar diskutierte mit dem Crashdriver, hinten mittig am Heck stehend, die leichten Schrammen und die an einer Stelle abgelöste Scheuerleiste an unserem Boot und wie man sich das vorstelle, dies nun zu regulieren, bei der Rückgabe des Bootes drohte uns sonst eventuell ein Abzug von unserer Kaution.

Der Schleusenwärter hatte in der Zwischenzeit den Schleusenvorgang gestartet und das hintere Oberwassertor begann sich zu Schließen.

Ich ging auch einmal nach hinten, um mir den Schaden einmal selbst anzusehen, als plötzlich das Drama seinen Lauf nahm.

Hilmar hatte das hintere backbordseitige Tau mit einem Schlagknoten um den Poller gelegt, um nicht die ganze Wartezeit das Tau halten zu müssen.

Durch das Gespräch mit dem Schleusenwärter und der anschließenden Diskussion mit dem Bumsbootkapitän hinter uns hatte er das in diesem Moment aus den Augen verloren und total vergessen, das Tau wieder zu lösen. Als ich dann nach hinten kam, hatte das Talschleusen bereits eingesetzt und Wasser wurde aus unserer Schleusenkammer abgelassen.

Das Tau war zu dem Zeitpunkt, als ich hinten am Boot ankam, bereits stramm gespannt und knarrte bereits unter dem zunehmenden Druck des Gewichts des Bootes, das immer mehr an dem Seil hing.

Nun überschlugen sich die Ereignisse. Der Schleusenwärter hatte das schiefwerdende Boot bemerkt und spurtete in Richtung des Bedienpultes, um den Notknopf auszulösen, Hilmar schob die beiden hinten stehenden Jungs vom Seil weg.

Falls das Tau reißen sollte konnte es wie eine Peitsche zurückschlagen und zu ernsthaften Verletzungen führen.

Derweil war ich in die Küche gehechtet, um dort ein scharfes Messer zum Durchtrennen des Taues zu holen, das Boot hob sich nun langsam mehr und mehr aus dem Wasser, da der Wasserstand in der Schleusenkammer noch immer sank.

Ich hatte ein Messer in der Hand, kam aber noch nicht einmal in die Nähe des Seils, um dieses zu zerschneiden, da gab es einen lauten Knall und das Boot fiel mit einem Satz rund dreißig Zentimeter runter ins Wasser zurück.

Am Poller oben auf der Schleusenmauer hing nun baumelnd unser Seil, am unteren Ende hing unsere hintere Klampe mit einem vierzig Zentimeter langem Stück vom Boot, das hinten aus dem Schiff herausgerissen worden war und von dem Boot neben uns schallte ein lautes Gelächter durch die Schleuse, vermutlich bis rüber nach Toulouse.

Oh, wie peinlich.

Ausgerechnet dem erfahrensten Seemann an Bord, der mir einst das Segeln beigebracht hatte, dem war hier dieser dumme Anfängerfehler unterlaufen.
Was in jedem Schulungsbuch, in jedem Handbuch zum Bootsfahren und Schleusen steht, ausgerechnet das passierte in dieser Schleuse bei uns an Bord.

Da hatten wir nun ein nettes Loch im Boot, aber zum Glück bestand keine Gefahr, dass dort Wasser durch die Bruchstelle eindrang und wir untergehen, da das ausgerissene Stück vom Boot oberhalb der Wasserlinie kurz unterhalb der Scheuerleiste endete.

Nach der Schleusung verließ unser bespasster Nachbar zuerst die Kammer, sich immer noch vom Lachen am Krümmen.
Der Schleusenwärter, der sich jeden Kommentar herunterschluckte, reichte uns unser Tau mit dem daran hängenden Bootsteil herunter und so konnten auch wir unseren Weg fortsetzen.
Anschließend ging er in sein Schleusenwärterhäuschen hinein und hatte vermutlich seine Kollegen in Mitteleuropa von uns Deppen erzählt.

Der verschrammten Scheuerleiste achtern an unserem Boot wurde keine Beachtung mehr gezollt, das hatte sich wohl gerade erledigt.

Der Ärger an Bord war natürlich ausgesprochen groß.

Wir drückten das ausgerissene Teilstück des Bootes mitsamt der Klampe an seinen ursprünglichen Platz und wickelten das lose Tau um die Klampe, so war zumindest für Außenstehende der Schaden nicht so offensichtlich einsehbar.

Zum Glück erreichten wir nach einer nächsten Schleuse wieder das Teilstück vom *Gand Bief*, vierundfünfzig Kilometer ohne Schleuse, hier konnten wir erst einmal fahren, und uns beruhigen, ohne die hintere defekte Position der Klampe zu vermissen.

Auf dem Kanal waren wir seit dem Unfall allein unterwegs, die beiden anderen Boote waren vor uns entschwunden, noch immer laut über uns am Lachen.

Auf die wollten wir eigentlich auch nicht mehr treffen.

Zügig verlief unsere Fahrt bei gedrückter Stimmung weiter und ehe man sich versah war die Zeit gekommen, uns für die Nacht einen Platz zu suchen.
Irgendwo hinter *Argeliers* beendeten wir den beschämenden Tag und legten wie gewohnt am Ufer an, um dort die Nacht über zu bleiben.
Seit der Pannenschleuse hatten wir bis hierhin um die zwanzig Kilometer gefahren, nun hatten wir bereits einen guten und ausreichenden Abstand zwischen uns und dem Malheur zurückgelegt.
Nach einem Ankerbier verflog auch der Ärger über das Missgeschick und langsam kam auch wieder bessere Stimmung auf.
Am nächsten Tag mussten wir die Basis anrufen und unseren Schaden beichten, so wurde es am Abend in gemeinsamer Runde besprochen.

Und beim Abendessen war der Vorfall schon fast kein Thema mehr.

Wir verbrachten hier eine sehr stürmische Nacht, und ich hatte sehr unruhig geschlafen, es lag wohl doch am Mistral, würde jeder Südfranzose sagen.
Um fünf Uhr morgens bin ich aufgestanden und von Bord gegangen, um die Vertäuung zu prüfen.
Das Boot selbst lag sehr ruhig, es wurde vom Wind ans Ufer gedrückt, die Leinen waren meistens entlastet und arbeiteten dadurch kaum. Die Eisenstangen waren noch genauso im Boden, so wie wir sie am Abend dort eingetrieben hatten.

An Bord im Salon pfiff der Wind durch die Ritzen des Sonnendaches, dass wir tagsüber wegen der Hitze wie bei einem Cabriolet zurückschicken konnten.

Durch die nicht abgedichteten Spalten und Fugen wurden ständig Pollen und Samenkapseln aus den Bäumen in die Kabine geblasen. Am Morgen war dann im Salon erst einmal fegen angesagt.

Hinten in den Kabinen haben die anderen Mitfahrer nichts davon mitbekommen, Seeluft macht eben müde.

Langsam kehrte auch nach dieser Nacht Leben auf das Boot zurück.

Nach der üblichen Morgentoilette machten wir uns auf, um die letzten paar Kilometer bis *Capestrang* zu fahren, um dort unser Frühstück mit einem oder zwei frischen Baguettes zu genießen.

Den Ort hatten wir vor zwei Tagen auf der Hinfahrt an dem Markttag bereits besucht, um frische Lebensmittel einzukaufen und hatten dort stattdessen die Metzgerei geplündert.

Unten im Ort an der Kirche gab es eine Telefonzelle, von der aus wir den Anruf in der Basis tätigten, um den entstandenen Schaden am Boot zu melden. Im Vorfeld hatten wir ein sehr mulmiges Gefühl, wie diese Nachricht wohl aufgenommen werden würde.

Aber alles war halb so schlimm.

Wir wurden von der freundlichen Dame an der Rezeption an einen Techniker weitergeleitet, der sehr ruhig und gefasst unsere Meldung entgegennahm.

„Dringt denn Wasser ins Boot ein?"

„Sinkt das Boot?"

Wenn das Boot sinken solle, sollten wir nur den Motor ausbauen, das sei das Teuerste an dem Boot. Alles andere schien eigentlich niemanden genauer zu interessieren.

Tiefes durchatmen.

Unsere weitere Fahrt brauchte nicht unterbrochen, geschweige denn abgebrochen werden.

Mit einem großen und kräftigen Wisch fegten wir unsere unguten Gefühle aus unseren Gedanken und konnten so die restlichen Tage mit dem Boot wieder genießen.
Zurück an Bord berichteten Hilmar und ich von unserem Telefonat und wie es aufgenommen wurde und was dies für Konsequenzen für unsere Weiterfahrt hatte.

Erleichterung machte sich auch bei den an Bord gebliebenen breit.

Durch das gute Frühstück und die erleichternde Nachricht konnten wir physisch und moralisch gestärkt unsere Reise fortsetzen.
Wir legten in *Capestrang* ab, so als wenn zuvor nie ein Schaden am Boot entstanden wäre.
Für den weiteren Verlauf der Reise am heutigen Tag lagen wir gut im Zeitplan.
Vor uns auf der Strecke lag zum zweiten Mal die Passage vom Tunnel, dem *Souterrain de Malpas,* und eine Fahrstunde später gelangten wir wieder an die Schleusentreppe von *Fonserannes.*
Als siebtes Boot kamen wir an der Anlage an, diesmal von oben kommend, und legen brav als letztes Boot hinter den anderen am Warteponton an.

Diesmal hatten wir zeitlich gesehen mehr Glück und konnten bereits kurz nach unserer Ankunft in *Fonserannes* in die Schleusenanlage einfahren. Das Talschleusen mit vier Booten in einer Kammer verlief ohne Probleme, obwohl wir hinten durch den Schaden am Boot ein Haltetau weniger hatten.
Wir konnten uns mit dem Festmacher auf der rechten Seite gut helfen.

Die Crew ist mittlerweile sehr gut eingespielt.

Nach der Ausfahrt wurde ein kleines Stück Kanal gefahren, bevor wir die *Pont Canal de Béziers* erreichten. Diese wunderschöne Brücke über den Fluss *l'Orb* konnten wir nur im Einbahnverkehr durchfahren, wir hatten aber keinen Gegenverkehr, so stellte das kein Problem für uns dar.

Auf der anderen Seite der Kanalbrücke erreichten wir eine weitere Schleuse, danach fuhren wir unmittelbar in den Kanalhafen von *Beziers* ein. Wir suchten und fanden dort einen Platz zum Anlegen am Hauptkai. Nach dem Anlegen dort kamen wir uns vor wie nach einem Hochseetörn.

Wegen des zu kleinen Kühlschranks an Bord war wieder ein Fußmarsch angesagt, frischer Proviant wurde benötigt.

Wir verließen das Boot auf der anderen Seite des Kanals und des Hafengeländes, dort lag der Bahnhof, eigentlich waren wir mitten im Geschehen in der Stadt. Weit und breit war hier aber kein Laden zu sehen, mussten wir dann verwundert feststellen.

Dann gab es eben nur eine Möglichkeit, die uns übrigblieb, wir mussten den Berg rauf und hoch zur Oberstadt gehen.

Die Gesichter wurden unter der Anstrengung der Nachmittagshitze immer länger und die Gegend immer schauriger.

Wir waren irgendwie im Araberviertel von *Beziers* gelandet.

Links und rechts gab es nur orientalische Beschriftungen an den Schaufensterscheiben, allerdings gab es dort auch Geschäfte wie Aldi und Co. Dann endlich, um eine Ecke herum, fanden wir in einer Seitenstraße einen kleineren Supermarkt, ein Supercasino. Hier entbrannte nun eine wahre Einkaufsorgie, eine kleine Schlacht in den Regalen. Leider wurde nur eins vergessen, wir waren nicht mit dem Auto vorgefahren. Mit Pappkartons bestückt torkelten wir zurück runter zum Kanal und zum Boot. Nach dem Verstauen unserer Erwerbungen an Bord legten wir um siebzehn Uhr vierzig ab und verließen diese beschauliche Stadt. Durch das frühere Betriebsende der Schleusen zu dieser Jahreszeit war unser Fahrziel an dem Tag vorgegeben. Wir schafften es zwar noch durch die Schleuse an der Autobahn, aber in Villeneuve-lès-Beziers war dann unsere Weiterfahrt beendet, die nächste Schleuse war zu.

Feierabend für heute.

Hier hatten wir nun ausreichend Zeit für ein gemütliches Abendessen. Danach folgte noch ein ausführlicher Bummel durch den kleinen Ort, der uns sehr gefallen hatte, bevor, wie an jedem Abend an Bord, die Ruhe auf dem Schiff einkehrte.

Der nächste Morgen begann so wie auch alle anderen bisherigen Tage an Bord. Das Küchenteam setzte Kaffee auf, das Landkommando ging in den Ort, um Baguette zu kaufen und dann wurde gemeinsam gefrühstückt.

Nach dem Frühstück passierten wir um zehn Uhr die Schleuse. Unterhalb der Schleuse bestand an einem Kai die Möglichkeit, dort Wasser zu Bunker. Wir legten nach dem Ausfahren aus der Schleuse dort an, um unseren Tank aufzufüllen. Der Automat für den Wasserhahn nahm aber nur Jetons an, die gab es laut einem Schild wiederum in einem Lebensmittelgeschäft im Ort.

Also war Hilmar losgegangen, um einen zu besorgen. Laut dem Schild sollte es für fünf Francs ungefähr hundert bis einhundertzwanzig Liter Wasser geben, je nach dem Wasserdruck am jeweiligen Tage.

Nach der Einlaufzeit des Wassers gemessen waren es aber höchstens fünfzig Liter Wasser, die die Anlage gegen den Jeton hergab.

Was solls, das Wasser wird wohl reichen, es gab ja keine Verschwenderitis bei uns an Bord.

Wir hatten gar nicht bemerkt, wie sich in der Zwischenzeit die Landschaft wieder verändert hatte, erst jetzt fiel uns das wieder auf. Vor *Beziers* waren es noch vielfach Weinfelder, die den *Canal du Midi* begleiteten, aber hier war schon deutlich der Einfluss des Mittelmeeres zu spüren, das mit seinen Stränden nur noch wenige Kilometer parallel vom Kanal entfernt lag.

Mit hoffentlich genug Wasser an Bord befuhren wir hier ein Stück des Kanals, das wir auch am allerersten Tag in Gegenrichtung befahren hatten.

Und zwischen „damals" und heute lagen gefühlte Welten.

In langsamer Fahrt waren wir dann zu Mittagszeit an unserer Abfahrtsbasis vorbeigefahren. Der Hafen und auch der Außenkai draußen am

Kanal war voll mit Booten, am vorhergegangenen Wochenende war wohl für viele Bootsfahrer der Urlaub zu Ende gegangen.

Der ehemals volle Parkplatz ließ nur noch eine Handvoll Fahrzeuge erblicken, darunter waren auch zwei Autos, die wir irgendwoher kannten.

Von nun an befuhren wir wieder ein Stück des *Canal du Midi*, das wir bisher nicht kannten.

Wenige Kilometer weiter hinter unserer Basis kreuzte der Kanal den Fluss Libron an der *Barrage Ecluse du Libron*. Diese ebenerdige Kreuzung mit einem kleinen Fluss konnte wiederum nur einspurig und sehr langsam durchfahren werden.

Eine sehr interessante Konstruktion, die dem Hochwasserschutz gegenüber dem Kanal dient.

Langsam kamen wir in Bereiche, die wir von früheren Landausflügen mit dem Auto kannten. Dazu zählte auch der nächste Ort, oder besser gesagt die nächste Stadt, *Agde*.

Ihr vorgelagerter Küstenort *Cap de Agde* ist ein bekanntes Feriendomizil der oberen Preisklasse.

Auch hier kamen wir wieder an ein besonderes Bauwerk, diesmal war es eine runde Schleuse, aus der man heraus in drei verschiedene Richtungen abzweigen konnte.

Für uns war der Weg aber vorgegeben, da wir mit dem Mietboot nicht in Richtung des Meeres abzweigen durften.

Nach der Durchfahrt durch diese Schleuse, die nur einen halben Meter Höhenunterschied ausgleicht, erwartete uns einen Kilometer später aber eine andere Besonderheit, wieder einmal Neuland für uns.

Der *Canal du Midi* mündete hier in den Fluss *l´Hérault,* der dem gleichnamigen Departement seinen Namen gibt und den wir hier für einen Kilometer nordwärts befahren durften, bevor der Kanal auf der anderen Seite weiter nach einem Abzweig zum *Étang de Thau* führt.

Langsam schiebt sich unser Boot über die Kanalmündung hinaus in den Fluss. Auf dem Vorschiff wurde genau beobachtet, ob von Backbord oder von Steuerbord ein anderes Schiff den Fluss befährt.

Nachdem wir die Flussmitte erreicht haben wird Fahrt aufgenommen.

Ein sehr schöner breiter Flusslauf, fast so wie bei uns zu Hause die Mosel. Der hier sehr träge fließende Fluss ist auf beiden Seiten bis ans

Ufer hin bewachsen, Bäume, Sträucher und Wälder, zum Teil hängen die Äste der Bäume über das Ufer weit in den Strom hinab. Leider ist diese kurze Fahrt schnell vorüber, auf der anderen Seite öffnet sich der weiterführende Kanal, in den wir einbiegen müssen, wir mussten den Fluss hier wieder verlassen.

Nach drei weiteren Kilometern erreichen wir mit der Schleuse No 65 das Ende der Platanenalleen, die uns begleitet und bisher den größten Teil des *Canal du Midi* auf unserem Weg gesäumt haben.

Die Bäume verschwanden fast schlagartig und gaben dahinter den Blick frei auf die flachen Weiten der Sümpfe, die sich ab hier beidseitig des Kanals erstrecken. Zwischen diesen Sümpfen geht es am *Étang du Bagnas* vorbei. Links auf den Weiden der Sümpfe grasten Stiere, rechts vom Kanal standen Flamingos im seichten Wasser, wir sind schon fast am Rande der Camargue.

Der Wind nimmt zu, aber stellt bisher kein Problem dar.

Fünf Kilometer weiter erreichten wir die Einmündung des *Canal du Midi* in den *Étang du Thau*, einem großen Binnensee, der allerdings schon unter dem Einfluss des Meeres steht, zu merken an seinem Salzgehalt

Wir sind am Ende des *Canal du Midi* angekommen.

Auf der anderen Seite des *Étang du Thau* beginnt der *Canal du Rhône à Séte*, der entlang der Küstenlinie die Camargue quert, bevor er die Küste nordwärts Richtung Arles verlässt.

16:25 Uhr Wir fahren in den *Étang du Thau* ein. Auf der linken Seite, etwa zwei bis drei Kilometer voraus am Binnensee gelegen, liegt das Örtchen *Marseillan* mit einem kleinen Hafen, den wir uns für die Nacht ausgesucht hatten.

Das Wasser auf dem See ist durch die böigen Winde sehr aufgewühlt, erstes Wasser spritzt auf das Vorschiff und auf die Scheiben vom Steuerstand, als wir die, durch die Landzungen geschützten Bereiche, verlassen.

Die Mannschaft fängt an zu meutern, die zahlmäßig in der Minderheit befindliche weibliche Besatzung zwingt uns zur Umkehr in den ruhigen Kanal.

Der Seegang sei einfach zu hoch, hier herrschten Windstärken von mindestens acht bis elf Beaufort, so die einstimmige Meinung der zwei Damen an Bord.

Also drehte ich des lieben Friedens wegen das Boot und schipperte wieder zurück in den gesicherten Bereich der Uferzonen.

An der Einfahrt des Kanals aus dem *Étang* lagen links und rechts sehr viele private Boote, in einer der Lücken wurde angelegt.

Beim Landgang wird die Weite des Sees und die Landschaft umher bewundert. Das Gestrüpp links und rechts vom Weg zum Surfstrand ließ erahnen, wie heiß es hier im Hochsommer wird. Die beständige Brise wehte einen frischen Geruch von Meer zu uns herüber. Auf der linken Seite des Sees waren in einiger Entfernung dunkle Bereiche zu sehen, das waren wohl die im Kanalführer erwähnten Austernbänke. Links von uns lag *Marseillan*, und irgendwo am linken Ufer lagen in weiter Ferne die Ortschaften *Le Mourre Blanc* und *Mèze*, von denen man aber nichts erkennen konnte.

Rechts von uns ragte in ein paar Kilometern Entfernung ein Riesenrad und eine Achterbahn in den Himmel, da muss ein Freizeitpark sein, so unsere Vermutung, für eine Kirmes erschien uns das zu aufwändig. Dahinter zog sich ein dünner Strich durch das Bild und verschwand im Dunst. Das war der Damm, der den *Étang du Thau* vom Meer trennt und an dem ein kilometerlanger Strand liegt. Einzig eine Eisenbahnlinie und die *RN 112* stören den Sand, der bis hoch nach *Sète* das Bild beherrscht.

In weiter Ferne erhob sich am Horizont ein Hügel von der dünnen Linie zum Meer ab, fast zwanzig Kilometer von uns entfernt. Mit einhundertfünfundsiebzig Metern war *der Mont St.Clair* das Wahrzeichen von *Sète*, der Stadt, die den ganzen Hügel in Beschlag genommen hat.

Für die Nacht war es uns hier bei den böigen Winden zu ungemütlich, aber hier gab es im Umfeld aber keinen besseren Platz.

Uns blieb nichts anderes übrig, als bis hinter die nächste Brücke an die Ortschaft *Les Onglous* zu fahren, um dort einen Halteplatz im geschützteren Hinterland zu suchen.

Die zwei Kilometer Entfernung hätten wir auch gut zu Fuß gehen können, aber das Boot sollte ja dorthin verbracht werden.

Also wurde erneut abgelegt und das kurze Stück dorthin gefahren. Auf der anderen Seite der Brücke gab es auf der linken Seite eine geeignete Stelle in einem leichten Bogen, in dem unser Boot wunderbar hineinpasste.

So würden wir auch kein anderes Schiff bei der Durchfahrt behindern, falls noch eines kommen sollte.

Durch das sehr klare Wasser in diesem Kanalabschnitt konnte man bis zum Grund blicken, ein Anblick, den es auf der bisherigen Strecke, die wir bereist hatten, so nicht oft gab.

Vor dem Schiff sprangen mittelgroße Fische aus dem Wasser des Kanals.

Lachse?

Zuerst dachten wir an eine Täuschung, aber es sah tatsächlich nach Lachsen aus. Bei abnehmender Wärme zum Abend hin wurden es immer mehr und mehr, die an verschiedenen Stellen aus dem Wasser sprangen.

Wie an den Tagen zuvor brauchten wir auch für diesen Abend wieder frisches Brot zum Abendessen. Das sollte hier in der Nähe der Ortschaft eigentlich kein Problem darstellen, so war zumindest unsere Meinung.

Hilmar, Frederik und meine Mutter machten sich mal eben auf den Weg, um im Nachbarort *Les Onglous* das Brot zu besorgen. In der Zwischenzeit wurde von den anderen an Bord das Abendessen vorbereitet, während Pascal, von den Fischen angelockt, hier sein Glück mit dem Angeln noch einmal versuchen wollte.

Das Essen war später fertig, aber weit und breit war nichts von den Landgängern zu sehen.

Die Sonne verschwand vom Himmel und allmählich dämmerte es. Das Essen war fertig und wurde mit Mühe warmgehalten, damit es nicht zerfällt.

Immer noch keine Landgänger in Sicht.

Langsam machten wir uns Sorgen, so weit war es doch gar nicht bis *Les Onglous,* dass wir vom Boot aus in wenigen hundert Metern erblicken konnten.

Und dann, gefühlte drei Stunden später, kam der treulose Teil der Mannschaft wieder zurück zum Boot.
Die Landgänger hatten den ganzen Ort *Les Onglous* abgeklappert, aber keinen Erfolg gehabt. Dort gab es keine Möglichkeit, Baguette zu kaufen, keine Geschäfte, nichts.
Kurzentschlossen gingen sie weiter in Richtung von *Marseillan-Plage,* dass sie in nur zwei Kilometer Entfernung sehen konnten. Durch das Riesenrad des Freizeitparks am Strand konnte man es auch gar nicht übersehen.
Schließlich fanden sie fast unten am Meer einen Laden, wo man Brot kaufen konnte. Leider gab es dort auch ein Eis, das mit Frederik erst einmal verspeist werden musste.
Dann machte man sich gemütlich auf den Rückweg zum Boot, hatte dabei aber die Zeit etwas aus den Augen verloren. Es war ein schöner Abend, warme Luft umgab alles, es roch angenehm salzig nach dem Meer, und es gab im Ort viel zu sehen.

Und wir auf dem Boot hungerten vor uns hin.

Pascal stellte seine Angelversuche ein und es gab kein Hindernis mehr für das verspätete Abendessen.
An Bord konnten wir den ganzen Abend den Lärm und die Musik vom Freizeitpark hören, was uns aber nicht großartig störte. Türen und Fenster vom Boot waren auf und wir genossen so richtig diesen ersten warmen Frühlingsabend.
Später konnten wir auch noch ein Feuerwerk bewundern, das in der Nähe vom Freizeitpark abgebrannt wurde.

Ein richtig schöner Ausklang für diesen wunderbaren vorletzten Tag.

Die letzten Tage an Bord

Am nächsten Morgen hatten wir beim Frühstück eine leicht gedrückte Stimmung an Bord, war doch heute unser letzter voller Tag auf dem Boot. Heute konnten wir den Tag noch voll genießen, aber am nächsten Morgen mussten wir um neun Uhr morgens das Boot im Hafen von *Port Cassafières* abgeben.

So schnell war eine Woche vorbei.

Nun galt es zu beratschlagen, was wir am heutigen Tag noch anstellen konnten. Bis nach *Port Cassafières* war es von hier aus nur eine kleine Strecke von maximal fünfzehn oder sechzehn Kilometer, die uns vom Hafen trennte.
Die restliche Zeit auf dem Boot und in dieser wunderschönen Gegend wollten wir noch einmal vollkommen ausnutzen. Wir hatten nur wenige Möglichkeiten, die wir besprechen konnten, war doch der *Étang du Thau* seit gestern tabu. Schnell kamen wir zu einer Einigung.
Eigentlich wurde der Tag vom Ende aus geplant. Zum Abschluss der Woche wollten wir noch einmal in *Portiragnes* Essen gehen, in dem Restaurant, dass wir am ersten Abend bereits besucht hatten. Dort hatte es uns sehr gefallen, die Leute waren sehr nett und zuvorkommend, und das Essen war recht gut.
Die Speisekarte enthielt noch einige Variationen, die es zu entdecken gab, also sprach überhaupt nichts dagegen. Außerdem war die Zwiebel-suppe dort sehr gut.

Somit war der Ablauf des Abends bereits geklärt.

Damit stand auch unser Übernachtungsort am letzten Abend fest. Was aber machen wir nur mit dem Rest des Tages?

Auch das ließ sich schnell klären.

Agde.

Das Städtchen konnte man sich noch etwas genauer ansehen, so waren wir uns dann alle einig.

Der Motor wurde gestartet, die Leinen losgeworfen, und das Ablegen nahm seinen Verlauf. Wie am Tag zuvor war auch heute wenig Verkehr auf dem Kanal unterwegs, daher hatten wir freie Fahrt auf dem Wasser. Zwei Schleusen später waren wir wieder von der Platanenallee umgeben und steuerten in den Fluss hinein.
Diesmal fuhren wir mit der Strömung hinab, die aber wie auf der Hinfahrt kaum spürbar war. Nach der sehr kurzen Strecke auf dem Fluss bogen wir rechts ab in den Kanal in Richtung zu der Rundschleuse von *Agde*.
Vor dieser Schleuse gab es ein kleines Stück Kanal unter großen Platanen, das scheinbar den ganzen Tag im Schatten lag. Der geeignete Ort für uns, um hier das Boot anzulegen.
Von hier aus war es nicht allzu weit bis in die Stadt, die es nun zu erobern galt.
Im Gänsemarsch ging es über den Treidelpfad an der Rundschleuse vorbei, um zur Landstraße zu gelangen, die links zum Stadtkern führte. Wir überquerten den Cana*l du Midi* über eine Brücke, um danach vor verschlossenen Schranken zu stehen.
Links von uns sahen wir den Bahnhof, von dem gerade ein Personenzug losfuhr und den Bahnübergang vor uns querte. Die Bahnlinie war wohl die Verbindung rüber nach *Narbonne*, der größten Stadt hier unten an der Küste.
Mit blechernem Gebimmel ging die Schranke auf und gab uns unseren weiteren Weg in die Stadt frei.

Stadtbesichtigung in unbekannten Gefilden ist eigentlich ganz einfach:

Hinein in den Ort, nach der größten Kirche Ausschau halten, dorthin, und dann ist man in der Regel im Zentrum der Stadt, Geschäfte eingeschlossen.

Unterwegs dorthin läuft man mit Sicherheit an Hinweisschildern vorbei, die einem den Weg zu weiteren touristischen Zielen weisen.

Das hat sich bisher immer so bewährt.

Agde war da keine Ausnahme, allerdings hat sich die Stadt in die Fläche weit ausgedehnt, was einen großen Sohlenverschleiß erahnen ließ.

Wir suchten also die *Kathedrale Saint-Étienne* auf, die es zu besichtigen galt. An dem Bauwerk wurde fast fünfhundert Jahre lang gebaut, bis man es *1453* als fertig betrachtete.

Ob das an den südfranzösischen Handwerkern und deren Einstellung zu Terminen und Absprachen lag ist nicht überliefert, böse Kritiker behaupten ja.

Die ruhige Stille und die Kühle in so einem Gebäude ist immer wieder ein gewaltiger Kontrast zu dem Lärm und der Hitze, die außerhalb der Mauern anzutreffen sind.

Ein beeindruckender Altar bestimmte das Bild in der Kirche, das Ding erinnerte uns allerdings irgendwie an einen übergroßen Kleiderschrank.

Nach dem Kirchgang bummelten wir durch die Gassen und sogen das geschäftige Treiben in uns auf.

Den Hinweis zum Leuchtturm oben auf dem *Mont Saint-Loup* nahmen wir zur Kenntnis, ebenso das Hinweisschild mit der angegebenen Entfernung dorthin, vier Kilometer waren uns dann aber doch zu viel.

Als vollwertige Alternative dazu besetzten wir ein lauschiges Straßencafé, um den Leuchtturm so schnell wie möglich zu vergessen.

Von dort oben, einhundert Meter über dem Meer auf einem erloschenen Vulkan thronend, hätten wir allerdings eine großartige Aussicht gehabt.

Wir entschlossen uns dazu, das angepeilte Abendessen in *Portiragnes* als großartigere Aussicht einzustufen und damit war die schweißtreibende Kletterei aus unseren Köpfen verbannt.

Basta.

Ohne Plan und Fremdenführer schlängelten wir uns durch die Gassen des historischen Zentrums runter an den Fluss *Hérault*, der unweit des Stadtkerns in das Mittelmeer mündete.

Einige Boote waren in weiteren Abständen zueinander am Ufer vertäut und dümpelten in dem ruhig daher fließenden Wasser vor sich dahin.

In der Zwischenzeit war die Mittagszeit angebrochen und wir machten uns auf dem Weg zurück zum Boot, nicht ohne vorher an einer Bäckerei nach Baguette zu fragen.

Diesmal ließ man uns ohne Einwände aus der Stadt, die Schranke war oben und gab uns bereitwillig den Weg frei, um zur Rundschleuse und von dort zum Boot zu gelangen.

Uns war es unter den Platanen etwas zu schattig, sodass wir uns entschlossen, abzulegen und ein paar Kilometer in unsere geplante Richtung zu fahren, um dort unsere verspätete Mittagspause zu genießen.

Die Rundschleuse stellte, auch zeitlich, keine Barriere für uns dar und nach einem halben Meter aufwärtsfahrt wurden wir auf der anderen Seite in den *Canal du Midi* entlassen.

Das sollte zugleich auch unsere letzte Schleusung auf diesem Bootsabenteuer werden, was wir erst später realisierten.

Ab der Ausfahrt aus der Schleuse lag der Ort unseres Abendessens dreizehn Kilometer weit entfernt vor uns und wir hatten noch jede Menge Zeit, um dorthin zu kommen und uns einen Platz für die Nacht zu suchen.

Da wir wegen der Geräusche vom Überlaufwassers am Schleusentor die erste Nacht unruhig geschlafen hatten war ich am überlegen, einen anderen Platz zu suchen, damit auch wir vorne im Salon mehr Ruhe hatten.

Oder ich drehe das Boot einfach andersherum?

Auch eine Möglichkeit, ich muss den anderen Mitfahrern ja nicht erzählen warum. . . .

Nun galt es aber erst einmal einen Platz für unsere Mittagspause zu finden.

Nach der Rundschleuse lagen am rechten Ufer des Kanals einige ältere Boote, irgendwie sah das sogar nach einem Schrottplatz aus, es sollte aber eine Werft sein. Dort war kein Platz für uns und es war auch nicht besonders einladend.

Gegenüber lag ein Boot nach dem anderen vertäut, dann endete der mit Gras bewachsene Uferbereich und es ging weiter mit ungepflegten wilden Büschen, dort konnte man ohne Sense nicht anlegen.

Einen Kilometer weiter kam vor der Ortschaft *Vias* eine Kanalbiegung, dahinter wollten wir dann Ausschau nach einem geeigneten Anlegeplatz halten.

Und tatsächlich, dort hatten wir mehr Glück. Ich fuhr mit dem Boot in Ufernähe, das Prisenkommando sprang, mit den Eisenstangen in der Hand, hinüber an Land und fing dann die herübergeworfenen Leinen auf. Langsam wurden wir das letzte kleine Stück ans Ufer gezogen und der Hammer kam wieder zum Einsatz.

Nun hatten wir viel Zeit für unser verspätetes Mittagsessen, und wir besprachen, vor der Weiterfahrt am Nachmittag schon einmal grob mit dem Saubermachen anzufangen, dann hätten wir am nächsten Morgen nicht mehr so viel Arbeit damit und brauchten uns auch nicht so abzuhetzen.

Und packen konnten wir auch schon mal etwas, zumindest das Gepäck grob vorbereiten.

Gegen siebzehn Uhr, so fanden wir, war eine geeignete Zeit, um unsere Weiterfahrt zu starten. Zehn Kilometer, etwa eine Stunde Fahrzeit, hatten wir noch bis *Portiragnes* zurückzulegen.

Das war gut zu schaffen und wir brauchten uns nicht so abzuhetzen.

Vier Kilometer nach unserer Abfahrt passierten wir ein zweites Mal die Sperrschleuse zum Fluss *Libron*, die wir wieder nur sehr langsam passieren konnten.

Das Ding war aber auch sehr eng.

Nun überschlugen sich die Ereignisse. Hatten wir doch gerade erst die Sperrschleuse passiert, waren wir bereits drei Kilometer später an dem Hafen von *Port Cassafières* angekommen, an dem Morgen unsere Fahrt zu Ende sein wird.

Wir schauten da gar nicht herüber, das wollten wir jetzt nicht sehen.

Ein paar wenige Bootslängen weiter, oder besser gesagt waren es wieder drei Kilometer, und wir hatten die Schleuse von *Portiragnes* im Blick.

Der Schleusenwärter freute sich vermutlich jetzt schon darauf, uns wieder die Schleuse vor der Nase zu schließen, waren wir doch fast zu selben Zeit wie am ersten Tag hier angekommen.

Aber Ätsch, heute wollen wir nicht durch die Schleuse fahren.

Vermutlich völlig frustriert schloss er später nach Feierabend sein Häuschen ab und zog nach Hause. Dem armen Kerl hatten wir wohl seinen Abend versaut.

Anlegen.

Das war jetzt doch ein kleines Problemchen. Der beste Platz zum Anlegen war der Wartekai, die Steinmauer unmittelbar vor der Schleuse. Aber den wollte ich eigentlich wegen unserer geplanten Nachtruhe nicht ansteuern. Vor der Mauer war der Uferbereich mit Büschen bewachsen, ein Stückchen davor war allerdings die Uferböschung wiederum steiler und ungeeigneter.
Hier konnte man zwar Anlegen, am Ufer war nur Gras, aber die Böschung war recht steil und hoch. Jetzt am Abend konnte man dort gut an Land hochkommen, aber später nach dem Essen im Dunkeln wird das mit Sicherheit schwieriger sein.
Und ich wollte nicht riskieren, dass sich dann jemand dort die Ohren bricht.
Also kam Plan B zum Einsatz.

Ich wendete das Boot und legte dann am Wartekai so weit wie möglich entfernt vom Schleusentor an. Mein Vorhaben erklärte ich der Crew damit, dass wir am nächsten Morgen somit direkt in der richtigen Richtung starten könnten.

Man glaubt einfach auch alles.

An Bord wurden die Kleiderschränke geplündert und alle machten sich schick für den Landgang.
Das Boot lag gut gesichert am Wartekai und die Straßenlaterne, die uns in der ersten Nacht so gestört hatte, würde uns bei der Rückkehr zum Boot nach dem Essen behilflich sein.
Voll guter Laune wanderten wir in den Ort und hoffen, dass das Lokal nicht ausgerechnet heute Ruhetag hatte.
Eine Reservierung hatten wir auch nicht, aber waren wir nicht so etwas wie Stammgäste?

Wir kamen am Restaurant an und wurden nach dem Reingehen wie alte Kunden freundlich per Handschlag begrüßt. Es wurde uns derselbe große Tisch wie am ersten Abend zugeteilt. Die Bedienung nahm unsere Bestellung für den Aperitif entgegen und wir studierten erneut die Speisekarte.

Jeder hat so seinen eigenen Geschmack, und zwischen Absicht und Vorgehen sind doch Welten. Fast jeder nahm dieselben Speisen wie am ersten Abend. Wenn das jetzt mit den Getränken und den Nachspeisen ebenfalls hinhaut könnten die Wirtsleute direkt unsere Rechnung vom letzten Mal kopieren.

Aber wenn man mit einem Angebot zufrieden war, warum sollte man es dann wechseln?

Und die Zwiebelsuppe war wirklich gut, schon erwähnt?

Die einzelne Bestellung kann ich im Nachhinein nicht mehr benennen, aber eigentlich ist das auch egal. Wir hatten, wie auch schon beim ersten Besuch in dem Restaurant, einen wunderschönen Abend.

Irgendwann war aber auch dieser schöne Abend zu Ende und wir mussten aufbrechen. Wir verabschiedeten uns beim Wirt und der Bedienung und machten uns auf dem Weg zurück zu unserem Schiff.

Unterwegs wurde noch viel rum geflachst, Blödsinn gemacht und ausgelassen gelacht.

Uns stand die letzte Nacht auf der *Buccaneer 6* bevor. Zurück auf dem Boot verschwanden die Jungs in ihre Kabine und wir setzen uns noch etwas in den Salon zusammen, der Abend war noch zu jung. Irgendwoher tauchte plötzlich noch eine Flasche Rotwein auf, die es noch zu leeren galt.

Aber irgendwann war auch dieser Abend zu Ende.

Für den nächsten Morgen hatten wir uns doch tatsächlich einen Wecker gestellt, damit wir rechtzeitig aufstehen würden. Das Boot musste um neun Uhr an der Basis übergeben werden.

Frühstücken, Packen, Boot reinigen, und Rückfahrt zur Basis, all dies muss in dieser kurzen Zeit erledigt werden.

Gemein, wie Eltern so sind, wurden die Jungs geweckt und Pascal in den Ort geschickt, um ein letztes Mal für unser Frühstück Baguette zu besorgen.

An Bord begann das Chaos. Wo kam denn der ganze Krempel in den Schränken her? Wie kann man in einer so kurzen Woche so viel Zeug ansammeln? Und wo soll das alles hin?

Fragen über Fragen. Aber irgendwie wird das schon funktionieren. Wir hatten das Boot grob klar bekommen, jetzt galt es die letzten Kilometer der Reise zu genießen.

Zu einem letzten Mal wurde der Motor gestartet und vom Kai abgelegt. Auf ging es, die letzten vier Kilometer waren mit dem Schiff zu bewältigen.

Es war noch früh am Morgen, man konnte dies sehen, da auf dem Wasser noch sehr viel Dunst war. Es sah schon etwas aus wie Nebel.

Auf unserer Anfahrt zum Hafen passierten wir zwei oder drei weitere Mietboote, deren Mannschaft links und rechts am Ufer wild übernachtet hatten und vermutlich auch zur Basis fuhren, um dort das Boot abzugeben.

Langsam näherten wir uns *Port Cassafières*. Eigentlich wollte ich das Boot wieder in den Innenhafen legen, dort, wo wir es auch einst in Empfang genommen hatten. Aber bei der Anfahrt wurde mir von einem Mitarbeiter der Basis ein Zeichen gegeben, ich solle das Boot außen im Kanalhafen abstellen.

Zwischen zwei anderen Booten fand ich einen geeigneten Platz, der in Länge und Breite unserem Boot entsprach. Auf Höhe der entsprechenden Stelle stoppte ich das Boot auf und drehte es auf der Stelle, so dass ich mit dem Heck rückwärts in die Box einfahren konnte.

Es bedurfte ein bis zwei kleinere Korrekturen, dann fuhr ich das Boot rückwärts in die Box an den Steg.

Das Leinenkommando sprang auf den Steg und belegte die Taue an den Klappen, die auch hier am Steg zu finden waren.

Ein letztes Mal zog ich am Dekompressionshebel, um den Motor abzustellen.

Wir waren angekommen.

Hausbootsfahren.

Hatte ich je etwas anderes gemacht?

Wir meldeten uns an der Rezeption der Basis an und erinnerten noch einmal an unser Telefonat der letzten Tage, mit dem wir den erlittenen Schaden an dem Boot gemeldet hatten.
Alles war überhaupt kein Problem, hatten wir doch vor unserer Fahrt bei der Übernahme des Bootes nicht nur die Kaution hinterlegt, sondern auch eine Versicherung für solche Fälle abgeschlossen.

Ça va, was solls?

Hilmar und ich holten die beiden Autos aus dem abgeschlossenen Gelände des Parkplatzes und stellten die Fahrzeuge in der Nähe des Bootes ab, damit wir unser Gepäck nicht so weit zu tragen brauchten.
Die angebrochenen Lebensmittel aus dem Bootskühlschrank wurden in die Kühlschränke in den beiden Autos verteilt. Alles andere an Gepäck wurde einfach in eins der beiden Autos geladen, das konnten wir später auf den Campingplatz wieder trennen.
Ein letztes Mal wurde das Boot durchgewischt, wollten wir doch unser schönes Schiff ordentlich und sauber zurückgeben.
Jetzt mussten wir warten, bis ein Mitarbeiter der Basis zu uns kam und uns die – fast - ordnungsgemäße Rückgabe des Bootes bestätigte, was noch peinlich werden konnte.
Nach und nach kamen weitere Boote an die Basis angefahren und legten dort an, darunter auch die beiden Boote, die wir heute Morgen bereits passiert hatten.
Unser Boot, die *Buccaneer 6*, war mittlerweile von uns leergeräumt worden, alles war bereit für die Übergabe.

Wer geduldig wartet, hat Erfolg.

Ein freundlicher Mitarbeiter der Basis kam zu uns an Bord und fragte, ob wir bereit seien, die Übernahme zu besprechen.

Die Damen und die beiden Jungs wurden von uns an Land gejagt, so dass Hilmar und ich dem netten Herrn in Ruhe ein schönes Boot präsentieren konnten.

Obwohl, alles schien egal.

Kein einziger Teller wurden gezählt, keine Tassen und auch keine Gläser.

Keine Bestandsaufnahme der Töpfe und Pfannen, auch war es egal ob noch alle Kissen in den Kabinen vorhanden waren.

Das hintere Viertel vom Boot, das seit ein paar Tagen hinten herum baumelte, wurde auch nicht zu Kenntnis genommen.

Der Motor war noch da, und das war wohl wichtigste.

Ruck zuck, schwuppdiwupp, und schon hatten wir einen Schein in den Händen, den wir an der Rezeption vorzeigen sollten, damit hatten wir die offizielle Rückgabe des Bootes abgeschlossen und erledigt und konnten im Büro alles weitere abrechnen.

Den Kreditkartenbeleg, den wir vor der Abreise als Kaution hinterlegten, bekamen wir anstandslos ausgehändigt.

Ein kleiner Zettel, den wir am Boot mitbekommen hatten und auf dem die nachgetankte Menge Diesel vermerkt war, wurde von der Dame an der Rezeption entgegengenommen und mit Hilfe eines Taschenrechners ausgerechnet.

Es war uns eine Freude, diesen Betrag zu begleichen. Im Vorfeld hatten wir überhaupt keine Idee darüber, wie hoch der Verbrauch des Bootes in dieser Woche wohl sein würde. Angenehm überrascht über die überschaubare Menge an Diesel, die wir zu begleichen hatten, entbrannte ein Gerangel, wer denn nun das Geld auf die Theke legen durfte.

Das war ehe egal, da wir uns alle Kosten für das Boot teilen wollten, so war das alles im Vorfeld abgesprochen worden.

Darüber gab es auch keine Probleme.

Alles war nun erledigt und wir konnten das Büro verlassen. Draußen sammelten wir die restlichen Mitglieder unserer ehemaligen Crew ein.

Nun waren wir keine Bootsfahrer mehr, sondern ganz normale Touristen, die mit dem Auto in Südfrankreich unterwegs waren.

Wie schade.

Wir teilten uns auf die beiden Autos auf und machten uns auf dem Rückweg nach *Le Camp*. In Gegenrichtung befuhren wir jetzt die kleinen Straßen zurück nach B*eziers* und dort auf die Autobahn.
Bei der Planung der Rückfahrt hatten wir uns abgesprochen und nahmen dieselbe Strecke für die Rückfahrt, die wir vor einer Woche auch für die Anreise benutzt hatten.
Auf der Landstraße dauerte es eine ganze Weile, bis wir die wahnsinnige Geschwindigkeit von 60 Stundenkilometern überschritten.

Davor wurden wir bereits von mehreren Traktoren überholt.

Auf dem ersten Stück der Strecke fuhren wir an einigen Städten und Ortschaften vorbei, die wir in den letzten Tagen mit dem Boot besucht hatten.
Der weitere Verlauf der Strecke führte uns durch die *Camargue*, von der wir weite Teile von anderen Ausflügen und Besuchen her kannten.
Wir querten bei *Arles* die Rhône und über die Fernstraße ging es in Richtung *Marseille* weiter. Auf der anderen Seite von *Marseille* nahmen wir die uns bekannte Strecke nach *Aubagne* und von dort über die *Route National* hoch nach *Le Camp*.
Dort erreichten wir wieder unser zuhause auf dem Campingplatz *Les Grand Pins* in *Le Camp du Castellet*.

Gedanken und Entscheidung

Wir hatten noch eine Restwoche Osterferien auf dem Campingplatz vor uns, die noch immer geprägt war von den Eindrücken der vergangenen Woche auf dem *Canal du Midi*.
Diese eine Woche auf dem Boot war aber auch etwas Außergewöhnliches gewesen.
Eine ganz andere Art Urlaub zu machen, eine extrem entspannte Art einer Reise, die wir so nicht kannten.

Neue Dinge kennenlernen, neue Orte, neue Menschen.

Ganz im Sinne meiner Frau.

In intensiven Gesprächen mit meiner Frau wurden unsere Erlebnisse und Eindrücke der letzten Tage zwischen uns ausgetauscht. Bereits auf dem Boot fingen wir an darüber zu reden und laut nachzudenken, aber hier zurück an unserem Wohnwagen konnten wir die Gespräche in aller Ruhe fortführen.

Keiner hörte uns zu, auch die Kinder nicht, die waren irgendwo auf dem Platz unterwegs.

Wir hatten unseren Wohnwagen schon so lange hier in Frankreich an diesem einen Ort dauerhaft stehen, das es kaum noch Neuland zu entdecken gab. Der Radius unserer Ausflüge im Urlaub wurde immer größer, so viel hatten wir hier schon gesehen.
Der Wunsch auf Veränderung wurde immer größer, der Druck nahm immer mehr zu.
Die verschiedensten Möglichkeiten wurden durchgesprochen, mal ruhig und sachlich, mal auch etwas mehr emotionaler.

Uns beiden einte der Entdeckerdrang.

Die Welt, unsere Welt, war riesengroß und es gab doch so viele andere schöne Stellen auf ihr zu entdecken.

Warum machen wir uns nicht auf dies zu tun?

Der Zwiespalt zwischen Neuem zu entdecken und bekannte Freunde und Orte zu verlassen war riesengroß.
Aber man konnte das auch kühl und sachlich betrachten, um besser eine Entscheidung zu treffen.
Oder um diese leichter fällen zu können. Pascal, unser ältester Sohn, würde wohl oder übel vielleicht noch ein oder zwei Jahre mit uns in Urlaub fahren, danach würde er vermutlich seinen eigenen Weg gehen.

Und Frederik würde ihm wenig später folgen.

Ich bin sehr schlecht darin, loszulassen. Aber es gibt Dinge, die werden kommen, und sie werden kommen.

Sechzehn Jahre hatten wir nur den Wohnwagen, waren damit rumgereist und hatten die tollsten Sachen erlebt.
Und seit zwölf Jahre stand unser Wohnwagen hier fest auf diesem Platz. Viele Freunde und Bekannte hatten wir hier links und rechts als Nachbarn gewonnen, viele Freunde und Bekannte aber auch in den kleinen Ortschaften unten am Meer gefunden.

Und für viele von ihnen waren wir nicht nur Freunde, sondern zählten irgendwie mit zur Familie.

Zu gehen hieß daher auch irgendwie, sie zu verlassen.

Waren wir, war ich denn dazu bereit?

Das war die eine Seite der Waage.
Auf der anderen Seite lockten uns die großen Entdeckungen von fernen Ländern, anderen Menschen. Das eine oder andere Abenteuer, Erlebnissen, die es zu entdecken gab.

Und unsere Neugier war groß.

Zu groß.

Die Waage fing an sich zu bewegen, kippte. Es ist war schwer zu erklären, was uns letztendlich zu diesem Schritt bewegte, aber einmal beschlossen war beschlossen.

Wir würden den Wohnwagen aufgeben und verkaufen und zu neuen Ufern aufbrechen.
Das war eine schwere Entscheidung für uns, die uns nicht leichtgefallen war.
Nun galt es aber auch diese Entscheidung mit unseren weiteren Familienmitgliedern zu teilen.

Um es den beiden Jungs etwas zu versüßen gaben wir an, für unseren anstehenden Sommerurlaub eine zweite Bootsreise buchen zu wollen.
Pascal viel es sichtlich schwer, als wir von *Le Camp* zurück nach *Düsseldorf* fuhren, war er doch hier auf dem Platz groß geworden.
Dem Campingplatzbesitzer hatten wir unsere Verkaufsabsicht mitgeteilt, er suchte eigentlich immer nach gutgepflegten Wohnwagen, da er diese im Sommer auch vermietete.
Bereits kurze Zeit nach unserer Rückkehr erreichte uns die Nachricht, dass sich ein älteres Ehepaar aus *Marseille* sehr für unseren Platz interessierte, kurz darauf war der Wagen mit allem Drum und Dran verkauft.

Der Verkaufserlös sollte gleichzeitig unsere zweite angedachte Bootsreise finanzieren, die wir in der Zwischenzeit für den Sommer gebucht hatten.

Das nächste Abenteuer kann beginnen

Der Sommer kam und damit rückte der Termin unseres Urlaubs Ende Juli immer näher. Die Reise wurde vorbereitet und benötigte Utensilien angeschafft, konnten wir nicht mehr wie im Frühjahr mal eben einen Stuhl oder Tisch oder was auch immer vom Wohnwagen mit zum Boot nehmen, den hatten wir bekanntlich verkauft.

Ich machte das, was mir immer viel Spaß macht, planen.

Wir mussten an einem Freitag nachmittags an der Basis in *Castelnaudary* sein, die fünfzig Kilometer von *Toulouse* entfernt war. Die Woche davor hatte ich bereits frei, sodass wir für die Anreise nach Südfrankreich ausreichend Zeit hatten.
Es gab die Möglichkeit, über die Schweiz zu fahren, um dann die ganze Küste der *Côte d'Azur* entlang dem Mittelmeer zu folgen, oder eben eine andere Strecke durch das Landesinnere.
Aber *Côte d'Azur,* die kannten wir doch von den vielen Ausflügen, bei denen uns der Wohnwagen einst als Basis diente.
Es gab aber auch die Möglichkeit, über Belgien nach Nordfrankreich einzureisen und von dort der Atlantikküste zu folgen, die kannten wir nur im südlichen Teil bei den *Pyrenäen.*
   Oder mitten durch Frankreich, jenseits des Rhônetals auf der anderen Seite des Zentralmassivs, dort waren wir noch nicht so oft unterwegs gewesen. Und unten im Süden gab es ein neues Bauwerk in der Bauphase, dass es zu bewundern gab, der *Viaduc de Millau.* Diese Brücke sollte mit fast dreihundertfünfzig Metern das höchste Bauwerk in Frankreich werden, und mit zweieinhalb Kilometern Spannweite die längste Schrägseilbrücke der Welt.
Und auf dem Weg dorthin, so ergab die Recherche einer Landkarte, war die beste Verbindung von *Düsseldorf* nach *Toulouse* die über *Paris.*
Aber dort waren wir auch schon so oft gewesen, damals führte uns sogar unsere Hochzeitsreise dorthin.

Dann realisierten wir, dass wir in frühen Jahren unserer Ehe öfters in *Paris* waren, später auch mit Pascal als er noch kleiner war, aber mit Frederik waren wir noch nie dort gewesen.

Na, wenn das jetzt kein Grund ist, diese Route zu wählen.

Wir entschlossen uns aber dazu, keinem der Kinder davon zu erzählen, dass wir Paris auch einen Besuch abstatten wollten, das sollte für Frederik eine kleine Überraschung werden.

Irgendwann war es dann soweit, unser Urlaub war gekommen. Das Auto war gepackt, die Getränke für unterwegs waren im Kühlschrank des Autos eingelagert worden und es konnte losgehen.

Von *Düsseldorf* war die beste Anfahrt nach *Paris* die Strecke über *Belgien*. Über *Aachen* führte uns unser Weg zuerst nach *Lüttich*, *Liege* wie es in Französisch geschrieben wird, und von da aus in südlicher Richtung weiter nach *Frankreich*.

Im Großraum *Paris* führte die von uns genutzte und von Norden kommende Autobahn *Autoroute du Nord* am Flughafen *Le Bourget* vorbei, um dann an den äußeren Autobahnring von *Paris* zustoßen.

Über diesen *Boulevard Périphérique* kann man links oder rechts um den Stadtkern von *Paris* fahren und kommt irgendwann an derselben Stelle wieder aus, wenn man nicht unterwegs irgendwo abbiegt. Bei den früheren Besuchen waren wir immer über den östlichen Ring in Richtung *Porte de Vincennes* gefahren, von dort kam man sehr gut mit der *Metro* zu allen Zielen in der Stadt gelangen.

Diesmal hatte ich mich aber dazu entschlossen, den westlichen Bogen zu nehmen, von hier konnte man schon viele Sehenswürdigkeiten von der Autobahn aus entdecken.

Die Kinder waren aufgeregt, da wir ihnen aufgegeben haben, nach dem *Eiffelturm* Ausschau zu halten.

Und sie wussten zu dieser Zeit noch nicht, dass wir dem Ding ganz nah kommen würden.

Zuerst sah man den Hügel von *Montmartre* mit der *Basilique Sacré-Cœur* darauf, später dann das Wahrzeichen von *Paris*.

Nachdem der *Eiffelturm* entdeckt worden war, war *Frederik* nicht mehr vom Autofenster wegzubekommen, er drückte sich schon fast die Nase daran platt.

Gar nicht mehr zu halten war er, als ich dann beim *16. Arrondissement* von der Autobahn abfuhr, um dort einen Parkplatz oder ein Parkhaus zu suchen.

Und wir hatten Glück. Einige der breiten *Avenues* waren in den Jahren zuvor mit Parkhäusern untertunnelt worden, und eine dieser Zufahrten war direkt vor uns ausgeschildert gewesen.

Ich hatte bei der Einfahrt etwas bedenken, da die Höhe des Parkhauses minimal niedriger als die benötigte Höhe für unser Auto ausgeschildert war, aber ein Mitarbeiter an der Einfahrt zeigte uns andere Wagen, die wesentlich höher und ebenfalls dort abgestellt waren.

Gegen ein kleines Trinkgeld wies er uns auch die Richtung, die wir anschließend gehen mussten, um zum *Trocadéro* zu gelangen.

Von dort hat man ein Stückchen weiter von den Stufen oben am *Musée de L'Homme* den schönsten Ausblick auf den *Eiffelturm,* so unsere Überzeugung.

Und dann kam die nächste Überraschung für Frederik. Wir waren nicht nur zum Anschauen hierhergekommen, sondern jetzt geht es auch noch auf den Turm hoch.

Über die breiten Treppen am Museum sind wir runter und entlang des Wasserbeckens mit den Fontänen der Springbrunnenanlage gegangen. Über der *Pont d'Iéna* ging es anschließend über die *Seine* und dann standen wir zu Füssen des *Eiffelturms*.

Eine Menschenmenge war auf dem Platz zugegen, und die Warteschlangen an den Kasse ließen uns fast schon wieder vom nächsten Vorhaben Abstand nehmen, aber genau deswegen waren wir ja hierhergekommen.

Meine Frau wird leicht höhenkrank und schwindelig, deswegen hatten wir im Vorfeld schon abgesprochen, dass ich mit den Kindern allein auf den Turm hochfahren sollte. Ich reihte mich in die Warteschlange ein, um die Tickets für den Zugang zu kaufen.

Es ging erstaunlich schneller als erwartet vorwärts und ich kam dem Kassenfenster immer näher.

Die Tickets waren kurz darauf in meinen Händen, nun konnte es losgehen.

Mit dem Aufzug fuhren wir auf die erste Ebene. Bereits von dort hat man einen gewaltigen Ausblick auf die Stadt.

Meine Frau wartete derweil unten im Schatten sitzend auf unsere Rückkehr. Was ich den Jungs nicht erzählt hatte, ich hatte nur die Karten für den Aufzug nach oben gekauft, nach unten ging es jetzt zu Fuß wieder runter.

Das macht richtig Spaß, diese Treppenanlage nach unten zu laufen. An einigen Stellen kann man auch noch Teile der alten Wendeltreppen sehen, die damals beim Bau des Turmes eingebaut worden waren.

Für den Abweg hatten wir um die zwanzig Minuten gebraucht. Man konnte an vielen Stellen sehr nahe und genau die ganzen Querverstrebungen, Träger und Stützen betrachten, die für die Stabilität der Konstruktion so wichtig waren.

Ein Fußmarsch, den man nur empfehlen kann.

Endlich hatten wir wieder festen Boden unter den Füßen.

Eigentlich hatten wir das nicht so gut durchdacht, ging uns später auf. Wir hätten zwei bis drei Tage vor der Anreise zum Boot noch einen längeren Aufenthalt in *Paris* einplanen können, dann wäre noch die eine oder andere weitere Besichtigung von Sehenswürdigkeiten in *Paris* möglich gewesen.

Nun stand uns aber nur ein gewisser Zeitrahmen zur Verfügung, sonst wären wir nicht rechtzeitig runter nach Südfrankreich gekommen.

Geplant war nach dem Besuch in Paris über *Orleans* und *Clermont-Ferrand* den Weg in den Süden einzuschlagen, und je nach Reichweite uns unterwegs ein Quartier für unsere Übernachtung zu suchen, da hatten wir nichts reserviert oder gebucht.

Am Freitag wollten wir dann die Region unserer Abfahrtbasis erreichen, um am Nachmittag das Boot übernehmen zu können.

Das war jetzt so und das konnten wir nicht mehr ändern, das hätten wir uns besser vorher genauer überlegen sollen.

Aber auch so waren die Jungs begeistert, auf dem Eiffelturm hoch ist ja auch ein kleines Erlebnis.

Wir suchten uns unseren Weg zurück zum Parkhaus und mit dem Auto anschließend zurück auf den *Boulevard Périphérique*, es lag noch eine längere Strecke vor uns. Zum Mittag gab es vorher nur einen kleinen Snack in der Stadt, dafür sollte später ein Abendessen folgen.

Für die weitere Reise hatte ich mir zu Hause Notizen aufgelistet, mit denen ich mich gut orientieren konnte. Zuerst galt es die *A10* Richtung *Orleans* zu finden, das war aber sehr gut ausgeschildert. Ab dort ging es über die *A71* weiter in Richtung *Bourges* und später nach *Clermont-Ferrand*.

Auf der Autobahn raus aus Paris war zwar viel Verkehr unterwegs, dennoch kamen wir zügig voran. Viele Lastwagen, dafür aber weniger Touristen waren in unserer Richtung auf der Autobahn unterwegs.

Da ich ein vorausschauender Fahrer bin, fielen mir drei Lkws vor uns auf, die einen an übergroße Zigarettenschachteln erinnerte.

Ich machte die Jungs darauf aufmerksam, die dann auch die Lastwagen fotografierten, als wir diese beim Überholen passierten.

Wir überholten gerade die Fahrzeuge vom Formel-1-Team von McLaren, die durch den Tabaksponsor nicht zu übersehen waren.

Später schaute ich auf der Landkarte nach und konnte dieser entnehmen, dass die Lastwagen bis *Nevers* dieselbe Strecke nutzten wie wir, um dann dort nach *Magny-Cours* abzubiegen, der neuen Formel-1-Rennstrecke in Frankreich.

Das sieht man auch nicht alle Tage.

Südlich von Paris verließen wir am späten Nachmittag die Autobahn, um uns in der Nähe von *Longjumeau* ein Nachtquartier zu suchen. Die ersten Anlaufpunkte waren negativ, keine Zimmer mehr frei.
Wenig später hatten wir dann mehr Glück und konnten uns ein Übernachtungszimmer in einer Motel in einem Vorort sichern. In der Nachbarschaft gab es auch einen Grill, den wir dann für unser Abendessen erstürmten.
Am nächsten Morgen ging es dann auf die zweite Etappe unserer Anreise, die uns in die Auvergne führen sollte.
Hier gab es doch noch einige schöne Stellen zu entdecken, wie ich im Vorfeld unserer Reiseplanung feststellen konnte.
Meine Wahl war auf den *Parc Naturel Régional des Volcans d`Auvergne* gefallen, dort wollten wir hin und hoch auf den *Puy de Dôme*, der mit 1.465 Metern der höchste Berg der ruhenden Vulkankette des Zentralmassivs ist.
Der Weg dorthin war auch leicht zu finden.
Es ging wieder auf die Autobahn zurück und dann über *Bourges* nach *Clermont-Ferrand*, wo wir von der Autobahn auf die Landstraße wechselten.
In der Ferne konnte man schon den Vulkankegel erkennen. Die Anfahrt zum *Puy de Dôme* war gut ausgeschildert und rasch waren wir im Naturpark angekommen.

Bis 1925 konnte man den Vulkan von *Clermont-Ferrand* aus mit einer Schmalspurbahn erreichen, diese war dann aber einer Autostraße gewichen.

Dafür konnte man sich aber vom Parkplatz aus mit einem Buspendelverkehr auf die Vulkanspitze hochfahren lassen, dazu hatten wir uns dann auch entschlossen.

Die Straße windet sich um den Vulkanhügel herum und schraubt sich immer weiter nach oben, bis das wir mit dem Bus oben auf dem Plateau angekommen waren.

Hier oben war es um einiges kühler als unten im Tal, aber dafür gab es eine spektakuläre Aussicht von hier. Nicht nur, das *Clermont-Ferrand* zu unseren Füßen lag, hier oben hatte man eine kilometerweite Fernsicht über gut einhundert weiterer erloschener Vulkane.

Im direktem Umfeld lagen einige weitere Vulkankegel, alle im satten Grün vom saftigen Grase, aber bei weitem nicht so hoch wie der Hauptkegel.

In der Antike wurden hier oben bereits Tempel angelegt für ein keltisches Heiligtum. Die Römer bauten dann einen Tempel und huldigten dort dem Gott Merkur und im Mittelalter entstand hier oben eine Wallfahrtskapelle.

In der Neuzeit wurde den Ruinen ein kleines Observatorium hinzugefügt, ein kleines Museum ergänzt die Bauwerke hier oben auf dem Vulkankegel.

Nachdem wir uns Alles gut angesehen hatten und die Ruhe und Stille hier oben genossen hatten, suchen wir den Bushalteplatz auf, um uns wieder nach unten ins Tal bringen zu lassen. Dort wartete unser Auto für die Weiterfahrt auf uns.

Außerhalb von *Clermont-Ferrands*, grob unserer Richtung folgend, hatten wir an einer Landstraße ein Hinweisschild gesehen, dem wir folgten. Ein kleines beschauliches Hotel ließ uns die Straße verlassen und in einen Hof einbiegen.

Dort fragte ich nach und wir hatten Glück.

Ein einfacheres ländliches Haus zwar, es hatte zwei Zimmer für uns frei, die Speisekarte ließ auch Gutes vermuten, hier waren wir richtig. Alles war genau nach unserem Geschmack, wir brauchten keine goldenen Türgriffe.

Nachdem wir unser Handgepäck für die Nacht in den Zimmern verstaut hatten setzten wir uns draußen in den Garten und genossen dort unseren Aperitif.

Hier kam dann für uns das erste Mal ein richtiges Urlaubsgefühl auf. Und wir hatten am Tag auch schon einiges erlebt, von dem wir später erzählen konnten.

Das spätere Abendessen und das Frühstück am nächsten Morgen waren einfach ausgezeichnet und die Gastwirte sehr nett und freundlich.

Schade, dass wir hier nicht noch einmal vorbeikommen würden. Solche Stellen muss man sich einfach merken.

Am nächsten Morgen ging es nach dem Frühstück weiter. Wir hatten den ganzen Tag Zeit für die restliche Entfernung, um zur Basis nach *Castelnaudary* zu gelangen.

Ich hatte die Route über *Millau* gewählt, das war die kürzeste Strecke, auch wenn wir am Fluss *Tarn* die Schlucht runter und auf der anderen Seite wieder hochmussten, die Brücke über das Tal der *Tarn* befand sich gerade erst im Bau.

Trotz der großen Distanz der Reststrecke erreichten wir zur Mittagszeit unseren Zielort.

Nun waren wir allerdings zu früh hier, um das Boot zu übernehmen, so dass wir noch etwas Zeit totschlagen mussten.

Wir besorgten uns in einer Bäckerei frisches Baguette, fuhren mit dem Auto irgendwo in die Felder und ließen uns im hügeligen Gelände auf einer Wiese nieder, um hier die Zeit zu überbrücken.

Tisch und Stühle wurden am Wegesrand aufgestellt, eine Decke ausgebreitet, und ein kleiner Picknickplatz entstand.

Hier konnten wir uns für die nächsten paar Stunden niederlassen, uns stärken, und die Seele etwas baumeln lassen.

Die Jungs spielten auf dem Feldweg etwas Fußball, meine Frau vertiefte sich in ein Buch und ich filmte etwas mit der Videokamera, wie der Ball in allen Richtungen verschwand.

Aber langsam kam Ungeduld auf, keiner konnte es mehr erwarten, alle wollten zum Schiff.

Bötchen fahren!!!

Nun gut, ein bisschen könnten wir vielleicht früher dort sein, die werden uns ja nicht direkt fortjagen, oder?

Wir meinten die Zeit sei gekommen und beendeten unser Picknick, packten alles schön wieder zusammen und ins Auto und kramten die letzte Wegebeschreibung für die Anfahrt zur Basis hervor, die wir mit den Bestätigungsunterlagen unserer Buchung erhalten hatten.

Die Straße zurück in die Stadt war leicht zu finden und im Ort selbst konnte man den Kanal kaum übersehen, der ganz *Castelnaudary* in der Mitte teilte.

Und mitten im Ort erstreckte sich der Kanal in ein riesengroßes Wasserbecken, an dem sich auch unsere Abfahrtsbasis befand.

An der Hauptstraße wies uns ein Hinweisschild den richtigen Weg dorthin. Wenig später stellte ich das Auto an der Basis ab und wir vertraten uns erst einmal etwas unsere Beine.

Vor dem Rezeptionsgebäude war der Hafenbereich, an dem geschätzte fünfzehn Boote, fein säuberlich nebeneinander und mit dem Heck an Land, vertäut lagen.

Wir waren nicht die ersten Gäste, die hier angekommen waren und auf die Zuteilung ihres Bootes warteten.

Sehr auffällig verhielt sich ein kleiner älterer Engländer, der schon fast auf das Boot gestiegen war, dass er meinte gemietet zu haben. Ein Mitarbeiter der Basis holte ihn dort aber schnell wieder weg, das Boot müsse noch gereinigt werden und sei noch nicht bereit.

Nun, sollte ich es wagen, mich schon einmal an der Rezeption anzumelden? Oder erging es uns dann ähnlich?

Versuchen konnte man es einmal. Ich nahm mir die Reiseunterlagen und versuchte mein Glück.

Die Dame im Büro war nett und freundlich und regelte mit mir schon einmal den Papierkram, auf das Boot müssten wir allerdings noch etwas warten, wir seien ja fast eine Stunde zu früh angekommen.

Dafür hatten wir Verständnis, konnten es aber trotzdem nicht mehr lange aushalten.

Da wir mit dem Boot zwei Wochen unterwegs sein wollten und wir danach eine andere Basis als unser Ankunftsziel hatten, musste unser Auto in diesen zwei Wochen dorthin gebracht werden.
Diesen Transfer hatten wir bei der Reisebuchung bereits mitgebucht, es galt nur noch den Papierkram dafür abzuwickeln.
Nun hatten wir eingecheckt und alle unsere Formalitäten waren erledigt.
Wir wurden allerdings gebeten uns noch eine Weile in der Nähe der Basis oder im Ort die Zeit zu vertreiben, heute sei der Andrang sehr hoch und viele Boote müssten noch hergerichtet werden.
Ein Mitarbeiter würde uns dann Bescheid geben, wenn unser Boot für die Übergabe fertig sei.
Nun hatten wir so lange gewartet, die eine knappe Stunde würden wir auch noch herumbekommen.
Ich parkte unser Auto in die Nähe des Bootes um, so brauchten wir später unser Gepäck nicht so weit zu tragen. Im Moment war dieser Platz noch frei, wenn wirklich noch so viele Touristen kommen, konnte das nachher anders aussehen.
Wir entschieden uns für einen kleinen Spaziergang entlang des Kanalbeckens und konnten uns so die restliche Zeit vertreiben. Ein Stückchen weiter lag eine alte Peniche am Ufer vertäut, von der aus mehrere ältere Kinder zum Baden in den Kanal sprangen.

Abkühlung war angesagt, es war auch sehr heiß an diesem Tag.

Aber das dreckige braune Wasser des Kanals konnte uns nicht zu einer Badeeinlage einladen, auch nicht die Jungs.
Unser gewählter Rundweg, der später als Treidelpfad den Kanal begleitete, war auch hier mit Platanen gesäumt, die wie überall wunderbare Schattenspender waren.
Wir drehten dann um, so dass wir um sechzehn Uhr wieder in der Nähe unseres Autos waren. Von einem Mitarbeiter der Basis war aber noch immer nichts zu sehen.
Dafür krabbelte mittlerweile der Engländer auf dem Boot herum, dass er vermutlich angemietet hatte. An diesem Bootstyp konnte man das Dach als Ganzes zurückschieben, das Boot machte den Eindruck eines Cabriolets.

Und dieses Dach war ungefähr einen Meter geöffnet, durch das der Engländer erneut versuchte, in das Boot zu gelangen. Das hatte auch der Mitarbeiter von vorhin beobachtet, der nun an das Boot herantrat und den Engländer bat das Boot zu verlassen, das Boot sei noch immer nicht hergerichtet.

Man würde ihn informieren.

Aber der Engländer hatte es scheinbar so eilig, dass er immer wieder versuchte, so nah wie möglich an diesem Boot zu bleiben.

Der Mitarbeiter der Basis bemerkte, dass wir uns darüber amüsierten, wie der Engländer hier für unsere Unterhaltung sorgte. Er kam dann zu uns herüber, um zu fragen, ob wir uns schon angemeldet hatten. Da dem so war, bejahte ich ihm das in Französisch und sagte ihm, dass wir noch etwas zu warten hätten, unser Boot sei noch nicht bereit. Er wollte dann einmal kurz auf unsere Unterlagen schauen, die ich ihm bereitwillig gab.
„Alles perfekt" gab er mir zu verstehen, er wolle nun die Unterlagen im Büro holen und dann mit uns zu unserem Boot gehen.

So macht man das. Geduld ist manchmal der Schlüssel.

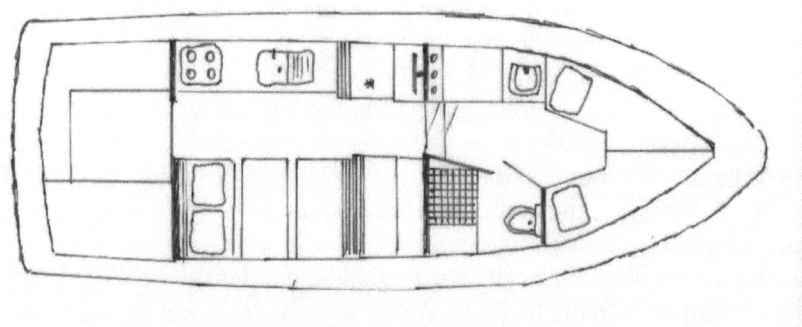

Übersichtsplan der kleineren Sirocco 2

Und tatsächlich, wenig später kam er mit ein paar Zetteln in der Hand zu uns zurück. Er machte einen netten und freundlichen Eindruck und wir verstanden uns ganz gut mit ihm.

Er führte uns dann zu unserem neuen Zuhause für die nächsten zwei Wochen.

Unser Boot, die *Sirocco 2*, war natürlich einiges kürzer als die *Buccaneer*, die wir zu Ostern auf unserer ersten Fahrt gefahren hatten. Aber das war uns ja bekannt.

Er zeigte uns kurz das Innere des Bootes und wolle später für die Einführung wiederkommen, wir könnten aber unser Gepäck schon einmal Einräumen und uns Einrichten.

Er wollte auch wissen, ob wir schon einmal mit einem Boot unterwegs waren. Ich erwiderte ihm, unsere letzte Fahrt sei erst dieses Jahr zu Ostern gewesen.

„*Ah, un Provisionell*", erwiderte er anerkennend.

Ach, Sie kennen sich aus.

Na ja, ein bisschen schon.

Dann ließ er uns allein zurück und wir hatten ausreichend Zeit, um unser Gepäck ins Boot umzuladen.

Nachdem wir damit fertig waren fuhr ich das Auto zurück auf den Parkplatz und gab den Autoschlüssel an der Rezeption ab.

Von nun ab waren wir zwei Wochen auf dem Wasser unterwegs, darauf hatten wir uns auch schon lange Zeit gefreut.

Ich machte mich in der Zwischenzeit mit den Instrumenten am Steuerstand und die technische Einrichtung an Bord vertraut, bis der Mechaniker von vorhin wieder zu uns ans Boot kam.

Er wollte wissen, ob ich nebenan bei einem anderen Boot den Leuten seine Erklärung übersetzen könne, da diese kein Französisch verstanden.

Das stellte kein Problem dar und ich folgte ihm auf eines der Nachbarboote.

Dort bat er die Leute, ein junges Pärchen, zu sich, öffnete den Zugang zum Motor und erklärte, wo der Seewasserfilter sitzt, wozu er dient und dass dieser täglich gereinigt werden sollte. Ich übersetze das ins Deutsche und erklärte unmittelbar am Kühler, wo auch dort täglich der Wasserstand vom Kühlwasser zu prüfen sei. Danach zeigte ich ihnen die Lage des Ölpeilstabes und bat sie, mit Hilfe mit dem Peilstab auch den Ölstand täglich zu prüfen.

Im Prinzip erklärte ich den Leuten die Einrichtung des Bootes, ohne das der Mechaniker noch einmal erklärend eingreifen musste.

Anerkennend danke er mir später für meine Hilfe und sagte mir, er wolle noch eben mit den Leuten dieses Boot Abfertigen, dann käme er anschließend sofort zu uns.

Das junge Pärchen bedankte sich auch bei mir. Wir wünschen uns gegenseitig eine gute Fahrt und einen schönen Urlaub und ich begab mich wieder zurück auf unser Boot.

Wirklich kurze Zeit später kam der Mechaniker zu uns und ich dachte, nun folgt unsere Einweisung.

Aber weit gefehlt.

Der Mechaniker wollte eigentlich nur noch wissen, ob wir noch Fragen hätten, ansonsten könnten wir uns auf den Weg machen.

Ich hatte wohl meine Prüfung zuvor auf dem Nachbarboot abgelegt. Es gab keine Einführungsfahrt und auch keine weiteren Erklärungen für uns.

Was solls, Ostern war noch nicht so lange her und ich hatte tatsächlich das Gefühl, mich mit den Dingen an Bord auszukennen.

Fragen selbst hatten wir keine mehr, die einzige Sache, die es zu klären gab, war, ob die Gasflasche ausreichend voll sei, da wir mit dem Boot zwei Wochen auf Reise wären.

Er schaute sofort nach, hob die Gasflasche kurz an und befand, genauso wie ich kurz zuvor, dass zwar noch Gas in der Flasche sei, aber eine volle Gasflasche wiegt schwerer.

Der Austausch der Gasflasche war schnell erledigt. Per Handschlag wurden wir verabschiedet. Von nun an waren wir auf uns gestellt und unsere zweite Reise in diesem Jahr auf dem *Canal du Midi* konnte beginnen.

Mit meiner Crew wurden die Positionen auf dem Boot abgesprochen und klar verteilt, wer welche Festmacher in den Schleusen zu bedienen hätte.

Nun gab es kein richtiges Hindernis mehr für unsere Abfahrt aus dem Hafen.

Zum ersten Mal betätige ich den Anlasser und der Motor der *Sirocco* sprang genauso gutmütig an wie der Motor der *Buccaneer* im Frühjahr an Ostern.

Ich gab meiner kleinen Besatzung ein Zeichen und die Leinen am Heck wurden gelöst.

Das Getriebe wurde eingekuppelt und mit langsamer Fahrt voraus verließen wir die Anlegestelle zwischen unseren bisherigen Nachbarbooten im Hafenbecken von *Castelnaudary*.

Das Boot wurde in östlicher Richtung ausgerichtet und leicht beschleunigt.

17:00 Wir nahmen Kurs auf das Mittelmeer, das wir in wenigen Tagen erreichen wollten.

Canal du Midi II

Bereits wenige Meter nach unserer Abfahrt von der Basis kam unser erster Test, ob wir seit Ostern nicht doch etwas verlernt hatten.
Unser Abfahrtsort *Castelnaudary* war nahe an der Scheitelstrecke des Kanales gelegen, das äußerte sich daran, dass an den einzelnen Staustufen der Schleusen größere Höhenunterschiede zu bewältigen waren.
Und die erste Schleuse nach der Ausfahrt aus dem Becken von *Castelnaudary* war bereits eine vierfache Schleuse, mit der wir eine Höhe von 9 Meter 42 überwinden mussten.

Das Schleusentor vom Oberwasser war weit geöffnet, die Kammer voll mit Wasser und der Schleusenwärter stand bereit und erwartete uns bei unserer Ankunft.

Wer hatte uns denn dort angemeldet?

Wie auch immer. Langsam und behutsam lenkte ich das Boot hinein und meine Matrosen warfen die Taue jeweils vorne und hinten über einen Poller.
Uns folgte noch ein weiteres Boot in die ovale Kammer, mit dem wir diesen ersten Durchgang durch die Schleusenanlage gemeinsam meisterten.
Die Crew des mitschleusenden Bootes war noch nicht so eingespielt wie meine Seemannschaft und schaute sich vieles bei uns ab.
Schneller als gedacht öffnete sich das untere Schleusentor und gab uns den Weg frei auf das erste Teilstück des *Canal du Midi*, das uns hier mit einer gigantischen Länge von eineinhalb Kilometern begrüßte.
Durch einen leichten Schlenker im Verlauf des Kanals konnten wir die nächste Schleuse nicht direkt erkennen, aber im Kanalführer waren mehrere mehrstufige Schleusenanlagen in fast gleichkurzen Abständen eingezeichnet.
Und wie vor unserer Abfahrt an der Basis durchgesprochen und auch inständig erhofft verliefen unsere Manöver vollkommen reibungslos.
Alles war so, als ob wir erst gestern das letzte Mal mit dem Boot durch eine Schleuse gefahren waren.

Das mitfahrende Mietboot folgte uns in ausreichendem Abstand, genaustens beobachtend, wie wir in eine Schleuse Einfuhren und welche Manöver dort von uns getätigt wurden.

Ob der eilige Engländer wohl immer noch auf seine Einweisung an der Basis wartete?

Wir schafften noch ein gutes Stück Strecke, bis wir uns dann doch dazu entschlossen, hinter der Schleuse No 30, die tatsächlich den Namen *La Criminelle* führte, für den heutigen Tag unsere Fahrt zu beenden.
Das Boot wurde langsam ans Ufer gesteuert und meine Matrosen sprangen an Land. Die vom Boot aus zugeworfenen Taue wurden aufgefangen und das Boot damit ans Ufer herangezogen.
Die vom Frühjahr her gewohnten Eisenstangen flogen mitsamt dem dazugehörigen dicken Hammer ans Ufer, damit meine Jungs etwas zu tun hatten.
Das uns bis hierhin begleitende Mietboot fuhr allerdings weiter, aber irgendwo würden wir es bestimmt wiedertreffen.

Hier am PK 73 lag unser Boot sicher und fest vertäut, es bestand für uns über Nacht keine Gefahr mit dem Boto abzutreiben.
Ganze acht Kilometer und insgesamt sieben Schleusen mit mehrstufigen Schleusenanlagen hatten wir an diesem ersten Tag auf Wasser bereits befahren.
Ein sehr guter Schnitt, der sich sehen lassen konnte.
An Bord wurde langsam alles für unser Abendessen hergerichtet, während die Jungs sich wieder im Angeln versuchten.

Ob der hektische Engländer wohl mittlerweile seine Einführung auf dem Boot erhalten hatte?

An unserem Liegeplatz hatten wir eine ausgesprochen ruhige Nacht verbracht.
Keine Kirchturmuhr störte uns mit ihrem Gebimmel, keine Mofa- oder Treckerfahrer auf einer neben dem Boot verlaufenden Landstraße, nichts, absolute Ruhe.

Natur pur.

Meine Frau machte sich am Morgen mit dem Fahrrad auf, um in einem in einiger Entfernung gelegenen Örtchen Baguette für das Frühstück zu besorgen.
Die Kinder lauschten noch an den Matratzen und ich vertrieb mir die Zeit, indem ich mir den Kanalführer ansah, um die Etappe für den heutigen Tag zu planen.
Das Frühstück gab es dann doch erst verspätet, meine Frau brauchte fast eine Stunde, um mit dem Fahrrad den Ort und den Weg zurück zum Boot zu finden.
Aber das war doch auch egal, schließlich waren wir im Urlaub und hatten jede Menge Zeit.
Sehr viel später als ursprünglich geplant ging es dann für uns auf die zweite Etappe.
Kurz nach unserer Abfahrt passierten wir die erste Schleuse für den heutigen Tag, ungefähr vier Kilometer später sollte bereits die nächste Schleuse folgen.
Nach fast einer Stunde Fahrt näherten wir uns dieser nächsten Schleuse, die aber zu unserem Entsetzen bereits geschlossen war.

Mittagspause.

Das hat man nun davon, wenn man es ruhig angehen lässt. Kurz zuvor passierten wir einen kleinen Anleger an einem Aquädukt, dort wollten wir die Wartezeit der Mittagspause verbringen.
Das Boot wurde gewendet und zurück ging es zum Halteplatz bei *Villepinte*.
Da wir erst kurz zuvor gefrühstückt hatten war es uns für ein Mittagsessen einfach viel zu früh.
Wir verbrachten die Wartezeit aber auch so ganz gut. Die Sonne meinte es gut mit uns und der Schatten der Bäume reichte fast nicht aus, um uns vor dem Braten in der Sonne zu schützen.
Freddy versuchte sich erneut mit dem Wurmbaden. Wir hofften inständig, dass es hier weit und breit keine Fische gäbe.

Irgendwann kam dann ein erstes Boot aus der Richtung der Schleuse und gab uns damit zu verstehen, dass unserer Weiterfahrt nichts mehr im Wege stand.

Also wurden Kinder und Würmer eingesammelt und die Fahrt wieder aufgenommen.

Mit uns waren verhältnismäßig wenige Boote auf dem Kanal unterwegs. Das konnte gut daran liegen, das hier in der Nähe der Scheitelstrecke die Schleusen einfach zu dicht aufeinander folgten.

Nicht Jeder wollte sich den Urlaub durch harte Arbeit vermiesen.

Wir hingegen hatten unseren großen Spaß dabei, Schleuse für Schleuse zu bewältigen.

Dazu kam ein interner Wettbewerb: finde die schönste Schleusenanlage.

Und das war gar nicht so einfach. Viele Schleusenbereiche waren wunderschön mit Blumen bepflanzt, andere waren mit künstlerisch gestalteten Objekten geschmückt, an anderen Schleusen wurde schön arrangiert gezeigt, was im Kanal alles so angeschwemmt wurde.

Hinter der Ortschaft *Bram* erreichten wir nun das erste Mal ein Teilstück des Kanals, das fast sechs Kilometer Länge aufwies. Hier übergab ich das Ruder an Pascal, der bereits im Frühjahr das Mietboot recht gut gefahren hatte.

Nach einer einzelnen Schleuse bei *Alzonne* wechselten wir auf das nächste Teilstück, das nun fast sogar acht Kilometer lang war. Allerdings lagen einige enge Kurven auf unserem Teilstück.

Weniger Schleusen bedeutete für uns, dass wir eine größere Entfernung in kürzerer Zeit zurücklegen konnten, ohne Vollgas zu fahren.

Wir lagen ausgesprochen gut in der Zeit und hatten die spätere Abfahrt am Vormittag bereits vergessen.

Vor uns lag ein Highlight hier oben am Kanal, an dem wir einen Stopp einlegen wollten.

Carcassonne.

Die Stadt kannten wir von anderen Ausflügen, die uns in diese Region gebracht hatten. Umso mehr freuten wir uns, die Stadt diesmal von einer ganz anderen Perspektive aus zu betrachten.

Wunderschöne Platanenalleen begleiteten uns bis kurz vor *Carcassonne*.

Mit dem Erreichen der Stadt wurden die Böschungen links und rechts des Kanals immer höher und höher. Die Bogenbrücken über den Kanal wuchsen an und erreichten 6 - 8 Meter Höhe. Die Uferstreifen waren mit Gras und Büschen bewachsen, das Gras aber mit einem Mäher kurzgehalten.

Dann überspannten die ersten moderneren Brücken unseren Wasserweg. Am Ufer lagen die ersten Lastkähne und Penichen vertäut, ein Zeichen dafür, dass wir uns dem Stadtzentrum näherten.

Dort befindet sich ein Hafenbecken vor einer Schleuse, die wir noch passiert hatten. Unterhalb der Schleuse gab es eine längere Mauereinfassung mit Ringen versehen, an denen wir unser Boot vertäuten. Direkt gegenüber von unserem Liegeplatz hatten wir einen freien Blick auf den Bahnhof von *Carcassonne*. Diese Eisenbahnhauptstrecke verbindet das Mittelmeer von *Narbonne* über *Toulouse* nach *Bordeaux* am Atlantik.

Jetzt war ein Landgang angesagt. Die beiden Fahrtrichtungen der Hauptstraße, die vom Bahnhof in die Stadt hochführte, war durch einen breiten Grünstreifen parkähnlich getrennt.

Am unteren Bereich befanden sich einige kleine Cafés mit Außenterrassen, eines davon suchten wir für eine Erfrischung auf. Später bummelten wir durch kleinere enge Gassen, um oberhalb wieder an die Parkanlage zurückzufinden. Ein fast haushoher Springbrunnen zierte den Grünstreifen und war eine Badeanstalt für unzählige Tauben, die sich in dem obersten Becken tummelten.

Gegenüber auf der anderen Straßenseite der Parkanlage gelegen erblickten wir ein sehr schickes Restaurant, das *Relais de l´ Ecluse*, nicht ganz unsere Preisklasse.

Auf unserem Weg zurück zum Kanal wurde noch für die Mannschaft ein Eis gekauft, das uns in Pappbechern mit auf den Weg gegeben wurde.

Die Nachmittagssonne knallte mittlerweile erbärmlich auf uns hernieder und veränderte unsere Pläne. Hoch in die Altstadt, die befestigte *Cité*, den von den Festungsmauern umgebene Teil der Stadt wollten wir nun doch nicht mehr erklimmen, der Zugang war zu weit entfernt und es war viel zu heiß geworden.

Also entschlossen wir uns zur Weiterfahrt. Im Schatten der Platanen, die den Kanal begleiteten, war es angenehm kühl und besser auszuhalten als in der Hitze in den Straßen der Stadt.

Ein oder zwei Kilometer nach unserer Abfahrt aus der Stadt entwickelte sich eine spektakuläre Aussicht auf die Festungsanlage, die uns noch eine ganze Weile erhalten blieb.

Hier stieß auch der Fluss *l´Aude* zum Kanal, der uns ab hier eine weite Strecke begleiten sollte.

Hinter einer Kanalbrücke, die einen Zufluss zur *l´Aude* überspannte, erreichten wir eine größere Schleusenanlage. Zuerst ging es in eine Doppelschleuse, vor der dann für uns er einmal Schluss war, von ganz unten kam Gegenverkehr.

Unterhalb der Ausfahrt aus der Doppelschleuse erreichte man ein großes Becken, vielleicht vierhundert Meter lang, dessen Ausgang auf der anderen Seite in eine weitere einzelne Schleuse führte.

Von dort unten kam unser Gegenverkehr, der zuerst diese unterste Schleuse passieren musste, dann das Becken durchqueren und die Doppelschleuse erklimmen musste. Und so wie es aussah, würde das nun eine ganze Weile dauern.

Also Motor aus und Füße hochgelegt.

Von hier oben hatten wir eine großartige Aussicht auf das Flottenmanöver in einiger Entfernung.

Von hinten gesellte sich dann ein Segelboot zu uns, den Mast auf einem Holzgestellt über dem Deck liegend, das wohl vom Atlantik in Richtung Mittelmeer unterwegs war.

Zum Glück ließ die Sonne langsam nach, was das Warten auf die Schleusung erträglicher machte. Allzu lange würden wir heute nicht mehr fahren können, da sich der Uhrzeiger rasant dem Betriebsschluss und damit dem Feierabend der Schleusenwärter näherte.

Diese Schleusenanlage würden wir noch passieren können, aber die vier Kilometer bis zur nächsten Schleuse müssten wir dann Rasen. Und dann wäre immer noch fraglich, ob wir es vor Betriebsende schaffen würden.

Da erschien es uns ratsamer, uns einen schönen und geeigneten Ort vorher auszusuchen und für Heute unsere Reise zu beenden.

Einen solchen schönen Ort fanden wir auch kurz vor der letzten Schleuse, hinter *PK 112*.

Weinfelder ragten bis an den Treidelpfad des Kanals heran, und im Hintergrund konnte man ein kleines Schlösschen, vielleicht war es auch ein Weingut, erblicken.

Hier gefiel es uns, das war ein idealer Ort für unseren Tagesschluss und für unsere Übernachtung.

Am nächsten Morgen endete die Nacht für unsere Jungs zu früher Stunde. Erbarmungslos, wie Eltern so sind, wurden sie bei Morgengrauen aus dem Bett geschmissen.

Heute waren sie zum Brotholen auserkoren. Hier im Umkreis gab es mehrere kleine Ortschaften, irgendwo wird sich da ein *Depot de Pain* finden lassen.

Um es ihnen etwas zu erleichtern durften die Jungs die beiden Fahrräder benutzen, die wir an Bord mitführten. Also wurden die Fahrräder an

Land geschafft, die Kinder draufgesetzt, mit Geld ausgestattet und ins Unbekannte geschickt.

Wir hofften inständig, dass sie rechtzeitig vor dem Abendessen wieder zurück seien.

An Bord wurde der Frühstückstisch gedeckt und frischer Kaffee aufgesetzt. Irgendwann war dann die Zeit für mich gekommen, nach dem Nachwuchs ausschau zu halten.

Was wir dem Kanalführer nicht entnehmen konnten, war, dass die Örtchen hier allesamt in einer sehr hügeligen Gegend lagen.

Ich ging den Treidelpfad bis zur nächsten Straße, um von dort nach den Kindern Ausschau zu halten. Dort erst wurde mir bewusst, wie hügelig das umliegende Gelände war.

Und wie es kommen musste, irgendwann konnte man am fernen Horizont zwei einsame Radfahrer erblicken.

Völlig abgehetzt und erledigt bogen die Beiden dann von der kleinen Landstraße ab hinunter an den Treidelpfad.

Um den Jungs etwas Erleichterung zukommen zu lassen entschloss ich mich dazu, wenigstens das Brot die letzten einhundertfünfzig Meter zu tragen.

Die beiden Fahrräder landeten irgendwo in der Nähe des Bootes im Grünstreifen neben dem Weg, und die total erschöpften Landgänger schleppten sich zurück an Bord.

Ob wir das den Kindern jeweils wiedergutmachen könnten?

Nach dem Frühstück sammelten wir die Fahrräder ein und verstauten sie wieder auf dem Vorschiff. Die Laufplanke wurde auf das Dach des Bootes verlagert und mit dem Hammer bewaffnet machten sich die Jungs bereit, die Eisenstangen aus dem Ufer zu kloppen.

Auf ging unsere Fahrt in den neuen Tag. Im kurzen Abstand folgten direkt zwei Schleusen, mit denen dann unser Tagewerk begann. Die erste Schleuse passierten wir ohne Probleme, vor der zweiten Schleuse mussten wir allerdings Anlegen und Warten, da uns ein Boot in der Schleuse entgegenkam.

Nachdem dieses Boot aus der Schleuse heraus an uns vorbeifuhr machten wir uns fertig, um in die nun offenstehende Schleuse einzufahren.

In diesem Moment rauschte von hinten ein Mietboot heran und über-
holte uns, obwohl ich vorrangig vor der Schleuse gewartet hatte.

Unser spezieller Freund, der Engländer, der es in *Castelnaudary* schon
so eilig hatte.
Von Vorfahrtsregeln oder von Etikette auf dem Wasser hatte er wohl
noch nichts gehört.

Aber was sollte man sich über solche Idioten aufregen?

Nach der Schleusung rauschte er mit Vollgas aus der Kammer heraus
und war schon hinter der nächsten Kanalbiegung verschwunden, als wir
vorsichtig mit unserem Boot die Schleuse verließen.
Gut eine halbe Stunde Fahrt voraus kamen wir in das kleine Städtchen
Trèbes, hier hätten wir laut Karte die Möglichkeit, unseren Wasservor-
rat aufzufüllen.
Auf der Fahrt dorthin hatte sich unser Ärger über diesen Knallkopf wieder verflogen.
Wir erreichten das Städtchen und hielten nach dem Anleger Ausschau,
der auf der linken Seite vor uns lag.
An der Mauer entlang des Ufers, durch den man den Anlegebereich er-
kennen konnte, lagen einige Boote, an vorderste Stelle direkt an der
Brücke unser eiliger Freund.
An dritter oder vierter Position legte gerade ein Boot ab, ideal für uns,
so konnten wir diese Lücke benutzen.
Der Abstand zwischen den anderen Booten war für uns mehr als ausrei-
chend, war doch unser Boot nicht ganz so lang.
Dort wurde nun angelegt und die Jungs befestigten unsere Taue an den
Ringen an der Ufermauer.
Nun konnten wir uns fertig machen für einen Landgang, wollten wir
doch hier im Ort auch ein paar Kleinigkeiten einkaufen, falls sich die
Gelegenheit dazu ergeben sollte.
Das Boot wurde verschlossen und kaum waren wir an Land kam unser
englischer Freund an und gab uns auf Englisch zu verstehen, wir hätten
diesen Platz zu räumen damit er dort hinkönne. Dieser Platz sei in der
Nähe des Wasserhahns und sein Schlauch sei zu kurz und würde nicht
bis an sein Boot reichen.

Ich sagte ihm auf Französisch, ich hätte kein Wort verstanden, obwohl dem nicht so war.

Dann machten wir uns auf, um den Ort zu erkunden. Von einer Kanalbrücke aus konnten wir dann sehen, wie er mithilfe eines Schlauches eines anderen Bootes versuchte, seinen Wasserschlauch zu verlängern. Aber ohne passenden Verbinder geht das nicht so gut.

Er kann sich irgendwo einen kaufen gehen, wenn es seine Zeit zulässt.

In dem Ort gab es leider nur ein kleineres Geschäft, aber dort konnten wir uns wenigstens frisches Brot kaufen.

Zurück am Hafen konnten wir feststellen, dass der eilige Engländer bereits abgedüst war.

Besser für uns, so hatten wir unsere Ruhe.

Der Wasserhahn war frei und so ergab sich nun auch die Möglichkeit, unseren Wasservorrat aufzufüllen.

Die Ausfahrt von *Trèbes* wurde durch eine vierfache Schleuse eingeleitet, hier erreichten wir nun ein neun Kilometer langes Teilstück des Kanals.

Das Wetter war heute nicht ganz so schön wie an den Tagen zuvor, zwar war es warm und trocken, aber der Himmel war leicht bedeckt.

Das alles sollte aber kein Hindernis darstellen.

Nach dem längeren Stück Kanal wurden nun die Abstände wieder kürzer, und der Höhenunterschied des Kanals konnte nur mit vier aufeinanderfolgenden Vierfach- und Dreifachschleusen überwunden werden, die in kürzeren Abständen zueinander folgten.

Was war das für eine Leistung, als im 17. Jahrhundert dieser Kanal ohne Bagger und moderne Arbeitsgeräte gebaut wurde.

Chapeau!

Hut ab.

In der Mittagszeit hatten wir diesen aufwändigen und anstrengenden Teil hinter uns und eine einzige Schleuse trennte uns noch von Homps, jenen Ort, an dem wir Ostern den höchsten Punkt unserer Reise auf dem *Canal du Midi* erreicht hatten.

Dort hatten wir damals umgedreht und unsere Rückfahrt nach *Port Cassafières* angetreten.

Wir legten hier kurz an, da wir uns vom Frühjahr noch an den kleinen Laden erinnerten, in dem wir dann hier unsere Einkäufe erledigen wollten.

Acht Kilometer und vier Schleusen trennten uns nun noch vom *Grand Bief*, jenem Kanalstück, das mit vierundfünfzig Kilometern das längste Teilstück dieser Wasserstraße darstellte.

Wenn wir es heute noch bis dorthin schaffen würden, dann könnten wir am nächsten Tag sehr früh Abfahren und es vielleicht bis zur Schleusentreppe von *Fonserannes* schaffen, die ein Nadelöhr für unsere weitere Fahrt darstellte. Dort konnte man nur zu bestimmten Zeiten geschleust werden.

Wir verließen *Homps* nach unserem Einkaufen und passierten wenig später die Schleuse *Pech Laurier*, in der wir damals den Crash mit der Buccaneer erleben mussten.

Hoffentlich erkennt uns dort niemand.

Hier passierten wir den letzten Ort vor der Eingangsschleuse zum *Grand Bief* und legten zwischen *Argens-Minervois* und *Roubia* für die Nacht an.

Hier hatten wir zwei Ortschaften links und rechts in gleicher Entfernung zur Auswahl, in denen wir auf jeden Fall am nächsten Morgen unsere frischen Croissants beziehen konnten.

Die Nacht war genauso unspektakulär wie an den anderen Tagen zuvor. Hier auf dem Wasser konnte man wunderbar Abschalten und Schlafen.

Wir hatten dann noch ausgemacht, dass es am nächsten Morgen zeitig losgehen sollte, unser Frühstück wollten wir dann ausnahmsweise unterwegs auf der Fahrt zu uns nehmen.

Zurück auf dem Grand Bief

Am nächsten Tag war ich ausgesprochen früh aus den Federn, es war noch nicht einmal sechs Uhr morgens.
Es dämmerte langsam und meine Besatzung war noch von der Karibik am Träumen.
So zeitig konnte ich meine Crew wohl nicht wecken.
Also machte ich mich auf, um unsere Umgebung zu dieser frühen Stunde etwas zu erkunden.
Langsam wurde es heller, aber von der Sonne selbst war noch nichts zu sehen.
Im Schatten der Uferpflanzen schwamm eine Bisamratte umher, wohl auf der Suche nach etwas Fressbarem.
Meine Blicke schweiften über die unendlichen Weiten der Weinfelder, dies sich scheinbar bis zum Horizont ausbreiteten.
Irgendwo, nicht weit vom Kanal entfernt, verlief eine kleinere Straße.
Ab und zu konnte man von dort ein Auto fahren hören.
Am Kanal wuchsen am Ufer Schilf und andere Wasserpflanzen, in denen sich kleinere Vögel versteckten. Ab und zu konnte man sehen, wie sie aus dem Dickicht in die Luft aufstiegen.
Ein Fischreiher hockte in einem Baum ein paar Dutzend Meter vor unserem Schiff und hielt nach seinem Frühstück Ausschau.

Jeden Tag immer nur Fisch wäre mir zu blöd.

Langsam kam Leben an Bord zurück, man hörte den Wasserkessel pfeifen.
Also war noch jemand außer mir erwacht.

Dann könnten wir langsam ans Abfahren denken, um unser weit entferntes Tagesziel zu erreichen.
Mit etwas Glück verließen wir heute die Ausläufer der Berge und erreichten die Niederungen am Mittelmeer.

Ich kontrollierte wie jeden Morgen den Motor und prüfte Öl und Kühlwasserstand.

Auch als ich anschließend den Motor zum Leben erweckte ließen es sich unsere beiden Jungs nicht nehmen, weiter durch die Matratze dem Plätschern des Wassers zu lauschen.

Diesmal musste ich wohl die Eisenstäbe am Ufer selbst aus dem Boden bekommen, vom Nachwuchs wollte mir keiner helfen.

Rasselbande.

Leider musste ich nach unserer Abfahrt den Fischreiher mit dem Boot verscheuchen, da sich sein Frühstückstisch auf unserem Weg befand.

Weit und breit war kein anderes Boot zu sehen, weder vor noch hinter uns.

Unterwegs lagen ein zwei Mietboote am Ufer und hatten dort auf freier Strecke, so wie wir auch, die Nacht verbracht.

Leider war mein Freund, der Engländer, nicht dabei.

Den hätte ich schon gerne etwas wach geschaukelt.

Durch den Entschluss, zügig hinunter in die Region des Mittelmeeres zu fahren, passierten wir einige wunderschöne Ortschaften, die wir im Frühjahr besucht hatten, für die wir uns jetzt aber keine Zeit nehmen wollten.

Welche Verschwendung.

Das Wetter war wieder deutlich besser als am Vortag, blauer Himmel, Sonnenschein und nur ein wenig Wind.

Heute würde es wieder heiß werden.

Langsam kamen die beiden Leichtmatrosen aus ihrem Nachtquartier hervorgekrochen, um am gemeinsamen Mittagessen teilzunehmen.

Ich übergab das Ruder an meinen Ältesten und studierte noch einmal unsere Karte.

Wir kamen zwar gut voran, aber ganz bis zur Schleusentreppe würden es wir es wohl doch nicht schaffen können.

Wir wollten auch nicht im Dunkeln dort ankommen.

In *Le Somail* lagen gefühlt Dutzende Mietboote, ergänzt durch unzählige alte Lastkähne, an den beiden Ufern des Kanals.

Hier merkte man gewaltig die Ferienzeit. So viele Boote hatten wir oben bei unserer Abfahrt in *Castelnaudary* nur am Anleger des Bootverleihers gesehen.

Auch der Verkehr auf dem Kanal nahm zu.

Wir passierten den Stichkanal, der nach *Narbonne* herunterführt und hatte nun eine Etappe vor uns, die durch weite landwirtschaftlich genutzte Flächen verlief.

Hier gab es kaum eine Ortschaft, nur vereinzelte Häuser waren zu sehen.

Am Nachmittag erreichten wir *Capestrang* und legten dort hinter der Brücke am Ufer an, fast an derselben Stelle wie zu Ostern.

Zum Glück brauchten wir hier diesmal keine Telefonzelle suchen, um der Basis einen Schaden am Boot zu melden.

Das ist doch auch einmal etwas.

Den kleinen Laden vom Frühjahr unten an der Tankstelle gab es immer noch und wir als Stammkunden wurden dort herzlichst begrüßt, als wir dort unseren Proviant aufstocken wollten.

Anstelle ihres gewohnten Taschengeldes spendierten wir den Kindern ein mittelgroßes Wassereis; der Kühlschrank an Bord war nicht so groß und hatte auch kein Gefrierfach.

Unsere Jungs hatten wegen diesem erheblichen Mangel der Reise bereits mit dem Kinderschutzbund Kontakt aufgenommen.

Wir entschlossen uns zu Weiterfahrt um näher an die Schleusentreppe zu gelangen. Am *PK 193* entschlossen wir uns, da nahe bei *Poilhès* gelegen, unser Nachtquartier aufzuschlagen oder besser gesagt unsere Eisenstangen in den Boden der Uferböschung zu rammen.

In *Poilhès* hofften wir das gute Brot wieder zu finden, von dem wir im Frühjahr so geschwärmt hatten. Wir übernachteten hier außerhalb des

Ortes und fuhren erst am nächsten Morgen dort ein, um das frische, im Holzofen gebackene Brot dort abzuholen.

Auch am nächsten Morgen waren wir wieder sehr früh unterwegs, diesmal nicht um eine große Strecke zurückzulegen, sondern ein bestimmtes Zeitfenster für unsere Talschleusung zu erwischen, damit wir nicht wieder, wie im Frühjahr, Stunden vor der Schleuse warten mussten.
   Vor dem Tunnel *Souterrain de Malpas* legten wir noch einmal kurz an, damit meine Mitreisenden sich den *Étang de Montady*, jenen sternförmig angelegten ausgetrockneten Sumpf anschauen konnten, den ich im Frühjahr hier schon bewundern durfte.

Jetzt trennte uns noch eine dreiviertel Stunde bis zur Schleusentreppe von *Fonserannes*, die wir als zweites Boot für die Talschleusung erreichten.
Wir waren etwas zu früh dran und musste noch eine gute Stunde warten, bevor die Schleusenwärter sich an ihre Arbeit begaben.
Gefühlt fuhren wir in den frühen Morgenstunden in die erste Kammer ein und kamen unten zur Mittagszeit aus der Anlage heraus.
Wie auch zu Ostern waren sehr viele Touristen und Schaulustige an der Schleusentreppe vor Ort, um sich diese Attraktion anzusehen.

Und wir waren mal wieder mittendrin.

Geübt und mit viel Routine waren meine Jungs mit den Seilen am Ufer unterwegs und ich tuckerte mit dem Boot von Kammer zu Kammer nach unten.

Dort unten angekommen sammelte ich meine Landratten wieder ein und auf ging es nach *Beziers*.

Wir benötigten keine Einkäufe und verzichteten deswegen auf einen weiteren Aufenthalt in der Stadt.

Dafür stand unsere nächste Übernachtung bereits länger fest.

Portiragnes.

Hier hatten wir im Frühjahr zweimal sehr gut gegessen, was wir nun noch einmal wiederholen wollten.

Diesmal wollten wir aber oberhalb der Schleuse übernachten, damit wir nicht wieder von dem Blechgebimmel die Nacht über wachgehalten werden.

Unser Plan ging voll auf und wir hatten hier einen wunderbaren Aufenthalt. Der *Pastis* war genauso kühl wie im Frühjahr und wir brauchten eigentlich keine Speisekarte.

Soupe à l'oignon. Bavette. Crème Brûlée. Cognac.

Ohne einen Tumult im Ort auszulösen schafften wir es auch einigermaßen geordnet zurück zum Boot.

Dort entdeckte ich eine Flasche Rotwein, bei der der Korken nicht mehr so richtig fest zu sitzen schien.

Das konnte man nicht so lassen.

Zeit, um eine kleine Zwischenbilanz zu ziehen:

155 Kilometer hatten wir nun bereits bis hierhin zurückgelegt und ungefähr 37 Schleusenanlagen bewältigt, einen Tunnel durchfahren.
Einige Kilometer und Schleusen sollten noch dazukommen, aber bei Weiten nicht mehr so viele.
Unsere Reiseplanung kannte nur noch den *Étang de Thau* als festgelegtes Ziel, den wir aber diesmal überqueren wollten, alles andere danach war vollkommen offen.

Nach dem Frühstück am nächsten Morgen galt es zuallererst die Schleuse von *Portiragnes* zu meistern. Danach hatten wir eine dreizehn Kilometer lange Strecke bis *Agde*, auf der es keine weitere Schleuse gab.
Wir befuhren hier das erste Teilstück des *Canal du Midi*, auf dem wir Ostern unsere erste Verleihbootsübung gemacht hatten.
Am Hafen von *Port Cassafières* hielten wir kurz an, um dort Diesel nachzutanken. An diese Basis würden wir in einigen Tagen zurückkehren, um nach unserem zweiwöchigen Urlaub dort unser Boot gegen unser Auto einzutauschen.
Von unserem Auto war auf dem Parkplatz noch nichts zu sehen.
Nach dem Auftanken legten wir wieder ab und kurz darauf querten wir, zum dritten Mal in diesem Jahr, die *Barrage Ecluse*, die den Kanal und den Fluss *Libron* trennt.
Das nächste Stück unserer Fahrstrecke bis *Agde* war landschaftlich nicht besonders schön. Die Ufer schienen wesentlich ungepflegter als oben an der Kanalstrecke nach *Toulouse*, die wir bisher bereist hatten.
Und das allerletzte Stück vor der Rundschleuse erweckte der Kanal eher den Eindruck eines Schrottplatzes als eines Hafens, so wie er eigentlich im Kanalführer eingezeichnet war.
Die Rundschleuse von *Agde* ist ein recht großes und imposantes Bauwerk, aber der halbe Meter Hub stellte überhaupt keinen Anspruch dar.
Ein zweihundert Meter langes Kanalstück nach der Rundschleuse führte uns an den Fluss *Hérault*, den wir für einen Kilometer zu Berg befahren konnten oder mussten.

Dann ging es genau auf der gegenüberliegenden Seite weiter in einem Kanal, der den Fluss auf den letzten sieben Kilometer bis zum *Étang du Thau* verband. Zwei Schleusen trennten uns noch von dort. Fast schlagartig endete nach der Schleuse die uns auf den vielen Kilometern zuvor begleitende Platanenallee.

Hier war die Landschaft flach wie ein Teller und man konnte schon die Ausläufer der *Camargue* erahnen.

Vom Boot aus konnte man kaum noch den Unterschied zwischen dem Kanal und dem seitwärts gelegenen *Étang du Bagnas* erkennen. Beide Wasserflächen schienen ineinander überzugehen. Bei *PK 288* war ein Weg zur Küste eingezeichnet, der im Umfeld von *Marseillan Plage* zum Meer führte.

Dort bestand vielleicht die Möglichkeit ans Meer und an den Strand zu kommen, aber an Bord hatte Keiner auf einen Fußmarsch Lust gehabt.

Das Endstück des Kanals lag vor uns. Nach einer Kurve lagen die letzten schnurgeraden drei Kilometer vor uns, und dort am Ende befand sich der *Pointe des Onglous* mit dem Leuchtturm darauf, der uns unser heutiges Endziel anzeigte.

Diesmal beabsichtigten wir uns dort an der Mündung des Kanals in den *Étang du Thau* einen Platz für die Nacht zu suchen.

Die Überquerung des Sees mit seinen achtzehn Kilometer Länge wollten wir am nächsten Morgen in Angriff nehmen, wenn es dann nicht allzu windig ist.

Im Gegensatz zu Ostern war diesmal der Anlegebereich am oberen Ende vor dem Leuchtturm fast vollkommen frei.

Ich wollte für unsere Übernachtung einen Liegeplatz finden, der etwas zurückgezogen von der Kanaleinmündung war. Ich hoffte, dass es hier ausreichend windgeschützt für unsere Übernachtung war.

Das Boot wurde an die Kanalmauer gelegt und mit unseren Tauen an den Ringen doppelt gesichert. Zusätzlich befestigte ich weitere Seile als Spring, ich hatte nun absolut keine Lust darauf, in der Nacht vom Wind auf den Étang heraus getrieben zu werden.

Nach dem Mooring wurde der Motor abgestellt. Zusammen ging es bei einem Spaziergang auf die Landzunge, um die Umgebung zu betrachten und die Lage einzuschätzen.

Den *Mont St. Claire* von *Sète* konnte man am Horizont erkennen, links davon müsste irgendwo der Leuchtturm auf der anderen Seite des Sees liegen. Später bei Dämmerung konnte man ihn bestimmt besser erkennen, dann konnte man die Taktfrequenz das Leuchtfeuers abzählen, um ihn zu identifizieren.

Jetzt bei Tageslicht war er schwer zu erkennen, falls er denn um diese Zeit schon in Betrieb war.

Hier ließen wir den Tag ruhig ausklingen, während die Jungs versuchten, ihre neu erworbenen Lenkdrachen in die Luft zu bekommen. Das war dann doch nicht so einfach wie gedacht, der Wind wurde am Abend immer kräftiger.

Selbst die Surfer, die im vorderen Bereich des *Étang* mit ihren Brettern unterwegs waren, hatten ihre Schwierigkeiten, sich bei dem stärker werdenden Wind darauf zu halten.

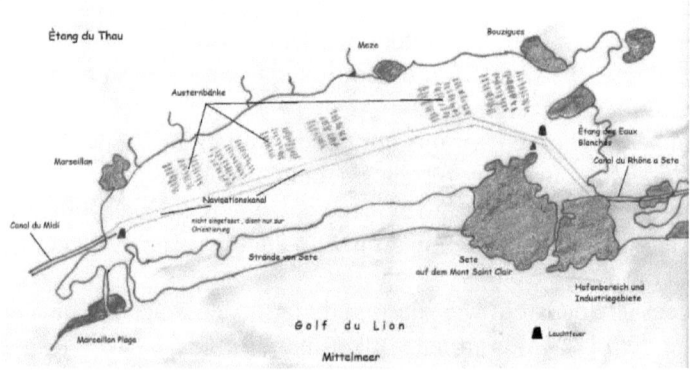

Étang du Thau

Die ganze Nacht über hielt der kräftige und beständige Wind an und schaukelte uns ordentlich durch.

Ab und zu haute ein Windstoß das Boot in die Seile, die Fender mussten das dann Abfangen. Ein nichtnachlassenwollendes Ächzen und Knirschen der Haltetaue.

Nach dem Frühstück wollten wir uns draußen am See ein Bild machen, die Lage beurteilen und uns über unser weiteres Vorgehen beratschlagen.

Die Wetterbedingungen selbst waren ausgezeichnet, Sonne satt und ein strahlend blauer Himmel, nicht eine einzige Wolke war am Himmel zu sehen.

Das Wasser auf dem *Étang du Thau* glänzte dunkelblau, einzelne Wellen warfen Lichtblitze von reflektierten Sonnenstrahlen zurück, die ganze Wasseroberfläche schien zu glitzern wie ein Haufen Diamanten.

Auf dem ganzen See waren tanzende Wellen zu sehen, nicht sonderlich hoch, aber eine glatte Wasseroberfläche sah ganz anders aus.

Und dann dieser Wind.

Mindestens elf Beaufort. Mindestens.

Dafür gab es in Südfrankreich nur ein einzelnes Wort: Mistral.

Die für heute eigentlich geplante Überfahrt würde wohl nicht so gemütlich verlaufen, wie wir uns das gedacht hatten.

Was tun?

Wir entschlossen uns dann dazu, die für heute geplante Abenteuerreise über den *Étang du Thau* um einen Tag zu verschieben.

Als Ersatz dafür wollten wir heute, da es sehr heiß zu werden schien, einen Badetag im Fluss *Hérault* einlegen.

Das Boot wurde von uns für die Abfahrt vorbereitet und dann machten wir uns auf, um die wenigen Kilometer zurück zum Fluss zu fahren.

Dort gab es zwar nur ein kurzes Teilstück vom Fluss, an dem wir für einen Badeaufenthalt anlegen könnten, aber eine geeignete Stelle, so waren wir uns sicher, wird sich wohl schon finden lassen.

Und schon wieder gab es eine neue Erfahrung für uns.

Das sollte das erste Mal werden, dass wir mit einem Boot versuchen wollten, an einem Flussufer festzumachen.
Aber der strauchartige Baumbewuchs zu beiden Uferseiten gab uns keine richtige Möglichkeit, irgendwo anzulanden, um unsere Eisenstangen, so wie gewohnt, im Ufersaum in den Boden einzutreiben, um das Boot daran zu befestigen.

So 'n Shit.

Wie der (Asiate) Hanseate sagt.

Es gab nur einige weniger schöne Stellen, die aber leider wegen der Umstände direkt aus der Wertung vielen.

Wir hatten kaum eine Chance, dort irgendwie zum Anlegen ans Land zu kommen.

Mehrfach kreuzten wir mit dem Boot am Ufer entlang auf und ab, bis das wir nach einiger Zeit eine andere Möglichkeit für geeignet betrachteten und ernsthaft in Erwägung zogen. Wir suchten uns eine geeignete Lichtung in den Ästen der Bäume, die am Ufer einen breiten Schattengürtel warfen.
Nahe am Ufer war eine solche Lichtung, die wir ansteuerten. Hier wurde unsere Bugleine einfach um einen dicken Ast gebunden, der flach und weit in den Fluss hinausragte.
Die leichte Strömung des Flusses richtete das Boot von allein aus und so hingen wir an dem Ast.
Hier waren wir weit genug weg von der Fahrrinne, die auf einer imaginären Linie die beiden Kanalzugänge Ober- und unterhalb unsere Badeanstalt verbanden.

Jetzt konnten wir unsere Bücher auspacken und die Jungs ihre kleinen Surfbretter, die jeweils links und rechts an den Achterleine angebunden wurden.

So mit dem Boot verbunden konnten sie hinter unserem Boot im Wasser treiben und sich mit Hilfe der Taue zurück ans Schiff ziehen.

Wir verbrachten so bis zur Mittagszeit einige Stunden im Schatten der Bäume, ungestört, kein Mensch weit und breit.

Ab und zu kam ein Mietboot vorbei, das war es dann aber schon. Später gab es dann eine Kleinigkeit zu Essen, und dann gab es eine weitere Siesta, diesmal für uns alle.

Am frühen Nachmittag hatten wir dann genug von alledem und überlegten uns etwas anderes aus.

Wir entschlossen uns dazu, in Richtung nahe gelegenen Rundschleuse zu fahren, dort anzulegen und in einem nahe gelegenen Supermarkt irgendetwas an Eis für die Besatzung zu beschaffen.

Die zum Baden zweckentfremdeten Achterseile wurden wieder ordentlich aufgeschossen und dann der Motor gestartet, damit wir noch das vordere Seil vom Baum lösen konnten.

Dazu mussten wir jetzt einige Meter vorwärts an den Baum fahren, damit der Knoten am Ast gelöst werden konnte.

Zum Wenden des Bootes drücke ich anschließend das Boot nur etwas in die Strömung, der Rest kam dann von allein.

Wir waren keine zehn Minuten unterwegs, als wir unter den Platanen vor der Rundschleuse wieder anlegten.

In der Zwischenzeit war eine kleine Einkaufsliste angefertigt worden, und nichts stand der Proviantbeschaffung mehr entgegen.

Ich machte mich mit meinem Ältesten auf, um diese Aufgabe an Land zu erledigen.

Der weibliche Teil der Crew blieb an Bord und wollte das Deck fegen, tonnenweise war trockenes Laub an unserem Badeplatz von den Bäumen auf das Schiff gefallen und hatte sich dort meterhoch angesammelt.

Dies galt es nun zu entfernen.

Freddy hatte keine Lust auf den Landgang und wollte lieber seine Würmer baden.

Nach einer knappen Stunde waren wir zurück an Bord und konnten unser aufwendig organisiertes Speiseeis an die gierigen Mäuler verteilen.

Bei der Rückkehr zum Boot fiel mir auf, dass ein nach uns angekommenes Boot, das vor unserem Schiff angelegt hatte, wieder verschwunden war.

An Bord bekam ich aber die Erklärung dafür. Es hatte in der Zwischenzeit wohl Ärger gegeben.

Freddy hatte bekanntlich bei uns an Bord gesessen und geangelt, die Touristen auf dem anderen Mietboot wollten es ihm dann gleichtun und warfen ihre Köder aus.

Nach einer Weile sei ein Herr zu unserem Boot gekommen, wies sich als Kontrolleur aus und ließ sich von meiner Frau und von den Bewohnern des Nachbarbootes die Angelerlaubnis zeigen.

Für uns hatte ich vor unserer Abfahrt an der Basis eine Urlaubserlaubniskarte als angelnder Tourist gekauft, die den kontrollierenden Herrn vorgezeigt werden konnte.

Die Angler auf dem Mietboot vor uns hatten eine solche Karte aber nicht.

Nun war tatsächlich ein Bußgeld fällig und anschließend mussten sie den Liegeplatz verlassen.

Dumm gelaufen, am falschen Ende gespart.

Hier unter den hohen, uns Schattenspendenden Bäumen bekamen wir nichts mit von dem Mistral, der uns in der Nacht und am Morgen noch so geärgert hatte.

Das brachte uns auch zur Überzeugung, dass sich der Wind in der Zwischenzeit gelegt haben müsste.

Als Ergebnis einer weiteren kleinen Beratung kam der Entschluss, uns wieder in Richtung zum Meer zu begeben und die Passage über den *Étang du Thau* für den nächsten Morgen erneut vorzusehen.

Die Abfahrt von unserem Liegeplatz an der Rundschleuse verlief ohne besondere Vorkommnisse, wir waren mehr als nur in Übung beim Umgang mit dem Boot.

Draußen auf dem kurzen Stück Fluss kam uns ein älteres Hausboot entgegen. Das war mit Sicherheit einmal ein Mietboot gewesen, an das aber nicht mehr allzu viel erinnerte. Hellbeige hob es sich von der Bemalung der sonst weißen oder hellblauen Schiffe ab. Oben auf dem Dach, das zu einer Terrasse umgebaut worden war, grüßten uns bunte

Blumen entgegen, die in mehreren Blumenkästen ihr Zuhause hatten. Ein weiterer Kübel war begrünt mit den verschiedensten Kräutern, die man in der Küche so gebrauchen konnte.

„So könnte ich mir auch meinen Ruhestand vorstellen", waren meine ersten Gedanken.

Das dies einmal so kommen würde konnte ich damals nicht erahnen.

Das war auch noch eine unvorstellbar lange Zeit bis dorthin.

Heute hatten wir bisher nur sehr wenige Boote, die auf dem Wasser unterwegs waren, gesehen.
Da uns dieses Boot nun entgegenkam, war dies ein gutes Zeichen für uns.
Zumindest die erste der beiden Schleusen auf dem Weg zum *Étang* du *Thau* lag wohl für uns bereit, mit offenen Toren zum Unterwasser, um direkt in die Schleuse einfahren zu können.
Aus dem Fluss kommend bogen wir in den Kanal ein und fanden die Schleusentore tatsächlich für uns weit geöffnet vor.
Die nun folgenden letzten vier Kilometer des *Canal du Midi* vor der Einmündung in den See hatten wir seit Ostern mehrfach befahren und konnten einschätzen, wo wir einen schönen und geeigneten Liegeplatz für die Nacht vorfinden würden.
Unsere Wahl fiel auf die kleine Ausbuchtung des Kanals an der Brücke bei *Les Onglous*, dort war das Gelände in der Umgebung ausreichend erhöht, um uns vor dem Wind zu schützen.
Das versprach uns eine ruhigere Nacht als die Nacht am Vortag.
Bis dorthin hatten wir keine große Entfernung zu bewältigen und das gab uns anschließend noch ausreichend Gelegenheit dazu, dort vor Ort die Nachmittagssonne noch etwas zu genießen.
Angekommen und angelegt wurde dort vom Nachwuchs der 53. Angelversuch gestartet, während an Land eine Wolldecke von nun an den Grünstreifen verzieren sollte.

Die Küchenbesatzung übte sich im Sonnenbaden.

Für mich gab es nun die großartige Aufgabe, zum wiederholten Male unseren kleinen und klappbaren Blechgrill aufzubauen und alles für unser Barbecue am Abend vorzubereiten.

So waren wir zwar heute doch noch etwas mit dem Boot unterwegs gewesen, aber alles zusammen betrachtet war es eigentlich mehr ein eingeschobener Erholungstag.

Das war doch auch einmal schön.

Der *Étang du Thau* ist zwar ein Binnensee mit Anschluss an das Meer, aber das Wasser im See ist genauso salzig wie das Meerwasser. Nur so konnten auch die Austernbänke im See betrieben werden.

Dieses salzige Seewasser vermischte sich aber, von Wind und Strömung getrieben, mit dem Süßwasser im Kanal. Das hatte zufolge, dass man hier im Kanal Fauna beobachten konnte, wenn es die Wasserqualität hergab, die es im Kanal eigentlich nicht gab.

Dazu zählten auch unzählige kleine Quallen, die wir hier vom Boot aus im Wasser gut beobachten konnten.

Etwas mehr Stimmung kam am späten Nachmittag auf, als wir eine kleine bunte Schlange beobachten konnten, die auf der Wasser Oberfläche vom gegenüberliegenden Ufer zu uns ans Boot heranschwamm.

Ich musste anschließend einen ausführlichen Vortrag darüber halten, warum es Schlangen nicht gelang über Taue, Leinen oder andere Hilfsmittel Antwort zu klettern.

Die Schlangen könnten sich da schlechter festhalten.

Zusätzlich versprach ich, über Nacht alle Türen und Fenster zu verrammeln und unsere nicht vorhandene Bordkatze auf die Schlange anzusetzen.

Übers Meer?

Der nächste Morgen brachte uns einen weiteren schönen Tag, allerdings vermissten wir den Wind.

Wirklich?

Nicht wirklich.

Heute erschienen uns die Bedingungen für die Überfahrt optimal. Wir hatten dieselben Wetterbedingungen am Morgen wie gestern am Vortag, nur hatte der Wind erheblich nachgelassen. Die noch vorhandene leichte Brise sollte uns nicht weiterhin hindern.
Das morgendliche Frühstück wich einer aufkommenden hektischen Anspannung, alle an Bord wurden ausführlich zu der anstehenden Fahrt instruiert.
Heute war unser großer Tag der Überfahrt gekommen.

An Bord wurde alles hochseetüchtig verstaut, nichts sollte uns später bei der Überquerung des Tümpels im Weg stehen.
Dafür müsste auch zuerst der Abwasch erledigt werden.
Unsere dafür an Bord vorgesehene Hilfskraft hatten wir seit mehreren Monaten nicht gesehen, also mussten wir das auch noch selbst erledigen.
Wir verließen unseren nächtlichen Aufenthaltsort und winkten den Einheimischen zu, die sich nicht zu unserer Abfahrt versammelt hatten.
Mit verminderter Fahrt näherten wir uns der Kanalmündung am Leuchtturm.
Hier wurde nun die Fahrt aufgenommen und raus ging es auf den *Étang du Thau.*
Einige hundert Meter von der Mole entfernt kamen wir auf dem Wasser des Sees aus dem Windschatten der niedrigen Bebauung am Ufer heraus.
Das machte sich dann doch schnell bemerkbar, das Boot fühlte sich wie ein Boot an und nicht so wie im Kanal wie ein plattes Brett.

Es gab kein Auf und Ab, aber der Bug schnitt tiefer in das Wasser ein, ein ganz anderes Gefühl wie beim langsamen Fahren im eingemauerten Wasser.

Wir setzen unsere Segel.

Also, die von dem morgendlichen Duschen nassen Handtücher wurden an der Reling zum Trocknen aufgehängt.
Ich übergab das Ruder an meinen ältesten Sohn, damit ich mich voll und ganz auf die Navigation konzentrieren konnte.
Die nächsten achtzehn Kilometer durch den See waren nicht mit Tonnen markiert oder in der Karte präzise ausgezeichnet.
Das hatte jetzt etwas mit Koppelnavigation zu tun. Den Kurs aus dem Kanal heraus in den See bestimmen, diese Linie durch den See fortführen und schauen, wo wir am anderen Ende rauskommen.
Mit dem Fernglas versuchte ich am Horizont einen geeigneten Fixpunkt zu finden, den wir als Wegepunkt anpeilen konnten.
Hinter uns kam in einigen hundert Metern ein anderes Mietboot, eine *Eauclaire*, die machte es ganz anders.

Die fuhr einfach am Rande der Austernbänke entlang.

Das geht auch.

Aber meine Methode fühlte sich seemännischer an.

Immer wieder kontrollierte ich den nicht vorhandenen Tiefenmesser, da der See entlang der Fahrrinne mit maximal vier Metern eingezeichnet war.
Weit oben am nordöstlichen Ende des Sees gab es eine Bucht bei *Balaruc-les-Bains*, in der der See um eine unterseeische Quelle eine Tiefe von dreißig Metern erreichen sollte.

Aber da wollten wir nicht hin, vorher mussten wir nach Steuerbord abdrehen.

Unsere hochkomplizierte Navigation wurde später immer einfacher, man brauchte nur der Linie zu folgen, die die uns entgegenkommenden Boote auf dem See bildeten.

Sie fuhren alle aufgereiht wie auf einer Perlenkette.
Unser Kurs führte entlang der Austernbänke, die an Backbord hinter *Marseillan* begannen und weit über *Mèze* hinaus den gesamten linken See ausfüllten, um dann auf Höhe der Linie zwischen *Séte* und der Stadt *Bouzigues* nach Steuerbord abzudrehen.
Irgendwo vor uns würden zwei Leuchttürme stehen, die uns nach unserer Überquerung des Sees die Einfahrt in den *Étang des Eaux Blanches* wiesen, an dessen anderem Ende wir an den *Canal Rhône a Séte* gelangen würden.

Während der ganzen Überfahrt genossen wir den Anblick des tiefblauen Wassers, dass uns die ganze Zeit begleitete. Die Sonne strahlte am azurblauen Himmel, keine Wolken waren zu sehen und der nun beständige Wind störte uns nicht mehr.
Das Wasser spritzte, vom Wind getragen, auf unser Vorschiff und verbreitete überall den salzigen Geruch von Seewasser.
So müsste es sein, weit draußen auf dem Meer, auf einem Segelboot unterwegs in die Karibik.
Im Gegenverkehr kamen uns sehr viele Mietboote verschiedenster Anbieter entgegen, so viele waren uns zuvor im *Canal du Midi* nicht begegnet.
Gut möglich, dass sie ab *Saint Gilles* die *Camargue* durchfahren hatten und hier im *Étang du Thau* ihren Scheitelpunkt der Reise erreichten, bevor sie ihre Rückfahrt zurück zu ihrer Basis antreten mussten.
Nach wie vor war das Wasser vom Wind sehr aufgewühlt, aber wir hatten keine Schwierigkeiten mit dem Wellengang, geschweige denn mit irgendwelchen Brechern, die über unser Boot einbrachen.
Der Kurs konnte auch beim seitlich auf uns treffenden Wind gut gehalten werden.
Ab und zu kamen uns auch ein paar schneller fahrende Boote entgegen, die über das Wasser gleiteten und sich einen Spaß daraus machten, uns nahe zu passieren.

Aber die heftige Bugwelle, die sie erzeugten, verlief sich im tiefen Wasser und stellte für uns keine Bedrohung da.

Ich versuche es auch immer zu mindern, indem ich nach dem Passieren dieser Boote in deren Welle drehte, so kamen wir nicht längst ins Rollen und unsere Töpfe und Teller blieben alle im Schrank.

Gut zwei Stunden hatten wir an Steuerbord nur eine hauchdünne Linie als Begleiter, die See und Meer voneinander trennten und die uns auf unserer Fahrt den Eindruck vermittelte, als kreuzten wir auf dem Mittelmeer

Nun kamen wir langsam dem Ende unserer Überfahrt über dem See entgegen und erreichten die Höhe von *Séte*.

An Steuerbord erwuchs der *Mont Saint Claire* über die dünne Landlinie der Dünen, auf dem sich die Stadt *Séte* auf und um den Hügel herum ausgebreitet hatte.

Hier ergab sich für uns die Möglichkeit, in den Innenhafen von *Séte* einzufahren. Dafür hatten wir aber wieder nur ein bestimmtes und enges Zeitfenster, an denen wir die Hubbrücke hätten passieren können.

Sie wurde morgens, mittags und abends für jeweils zehn Minuten geöffnet.

Das hatte uns jetzt nicht gereizt. Wir entschlossen uns zu unserer Weiterfahrt und zur Einfahrt in den *Canal du Rhône a Séte*.

Nach der Einfahrt in den neuen Kanal ging es für uns zuerst durch ein unschönes Industrieviertel, in der eine kleinere Raffinerie ihr Zuhause hatte.

Kein traumhafter Urlaubsanblick.

Unser Schifffahrtsweg führte uns vorbei an dutzenden am Ufer liegenden Fischerbooten und deren Anlegeplätze, vorbei an irgendwelchen Hallen, in denen was weiß ich auch immer gelagert wurde.

Dann wurde es beim Ort *La Peyrade* interessanter. Nahe am Kanal befanden sich einige Lokale, deren Terrassen zum Kanal hin gelegen waren. In den Angeboten der Speisekarten würden wohl Fisch und Austern ganz oben zu finden sein.

Der Geruch jedenfalls, der seinen Weg zu uns an Bord herüberfand, war beeindruckend und lockte uns zu einem spontanen Halt.
Und wie so üblich, bei solchen Gelegenheiten, hatten wir keine Möglichkeit, hier mit unserem Boot anzulegen.

Warum machen die uns immer Hunger und lassen uns dann nicht mitspielen?

Die letzten zwei Kilometer bis zur nächsten Stadt *Frontignan* begleitete uns eine weitere Raffinerie an Steuerbord, die wesentlich größer ausfiel als die Raffinerie am Ende des Sees am Eingang zum Kanal.
Wir konnten nur noch ein kleines Stück bis zu einem Kanalbecken im Ort einfahren, dann erwartete uns der nächsten Zwangsaufenthalt.

Die Hubbrücke von *Frontignan*.

Hier gab es wieder nur bestimmte Zeiten, an denen die Brücke für die Durchfahrt angehoben wurde. Und nur zu diesen Zeiten bestand für uns die Möglichkeit einer Weiterfahrt.
Uns blieb nichts anderes übrig, als an Steuerbord anzulegen und dort abzuwarten, bis das die Brücke angehoben wird.

Und das war erst für 16:30 das nächste Mal vorgesehen, eine Ewigkeit, so kam es uns vor, bis das es soweit sein sollte.

Wir näherten uns dem Kanalbecken im Ortszentrum und ich verlangsamte vorher die Fahrt.

Seitdem wir uns dem Stadtkern näherten lagen am linken Ufer unzählige kleinere Boote an einzelnen kleinen Steganlagen. Vorne vor der Brücke lagen drei bis vier Boote an Steuerbord an der Mauer vertäut, an deren Reihe ich mich anschließen wollte.

Das Boot wurde an die Kanalmauer gelenkt und dort von meiner Crew an den dort vorhandenen Pollern befestigt.

Hier mitten im Ort war der einzige Vorteil unserer Zwangspause, in unmittelbarer Nähe vom Boot eine Boulangerie zu finden, die uns für unsere Mittagspause ein frisches Baguette verkaufen konnte.

Madame nahm sich dieser Aufgabe an und ich machte im Boot etwas Ordnung. Wenig später kam sie an Bord zurück und wir machten uns ein paar kleine Pausenbrote zurecht.

Die Sonne stand noch immer hoch am Himmel und knallte erbarmungslos auf uns hernieder. Von der Mauer vom Kanal und von den gegenüberliegenden Hauswänden wurde diese Hitze reflektiert, die Luft stand hier förmlich. Dazu gesellte sich der Lärm der Durchgangsstraße, die über die Hubbrücke führte.

Und von Zeit zu Zeit kam das Geratter eine Eisenbahn dazu. Die Bahnlinie lief fast parallel zur Straße über eine zweite Brücke über den Kanal. Auf der anderen Seite des Kanals müsste es dann irgendwo einen kleinen Bahnhof geben.

Ab und zu schreckte uns noch das laute Knattern irgendeines Motorrades auf.

Wie die meisten Fahrer solcher Fortbewegungsmittel mussten sie sich mit immer wieder aufheulendem Motor bemerkbar machen,

„Hallo Leute, hört mal, ich bin auch da ".

So ein rücksichtsloser Krach kann einem schon ordentlich auf die Nerven gehen, besonders wenn man sich etwas entspannen wollte.

Vielmehr hatten wir hier an unserer Warteposition vor der Brücke auch nicht zu tun.

Im nahen Umkreis des Bootes gab es leider keinen kleineren Park oder eine ähnliche Grünanlage, in der man sich der Hitze hätte in der Zwischenzeit entfliehen können.

Uns bleibt nichts anderes übrig, als sich schwitzend der Hitze zu ergeben. Einzig der Zugang zum Salon des Bootes spendete uns etwas Schatten, der Sonnenschirm, den wir von Zuhause mitgebracht hatten, zeigte nicht so eine großartige Wirkung. Der Schirm war nicht sonderlich groß und wir hatten keinen geeigneten Halter dafür, nur unseren Putzeimer, den wir zuvor zu diesem Zweck mit Erde gefüllt hatten.

Aber besser als gar nichts.

Pascal wagte wieder einmal einen Versuch, die im Kanal eventuell vorhanden Fische mit den Brotresten unsere Mittagspause anzulocken.

Seine Angelschnur hing, wie so unzählige Male zuvor, im nicht mehr ganz so klaren Wasser des Kanals, um irgendeinen unvorsichtigen Fisch zu erwischen.

Frederik kam dann irgendwann auf die Idee, er wolle das Kanalbecken durchschwimmen. Damit wollte er sich Abkühlen.

Er schnappte sich seine Sportschuhe und kletterte vom Boot an Land. Über die noch verschlossene Hubbrücke marschierte er auf die andere Seite des Kanals und dann entlang des Beckens, bis dass er ungefähr auf der Höhe unseres Boots angekommen war.

Dort drüben befanden sich in einigen Metern Abstand zwei Steintreppen, deren Stufen hinab zum Wasser führten.

Trepp, Trepp, Trepp stieg er die wenigen Stufen hinab, setzte sich dort auf einer der unteren Stufen und zog sich dort seine Schuhe aus.

Dann ließ er sich von den Stufen ins Wasser gleiten. Er nahm seine Schuhe von der Treppe in seine Hand und hielt diese am lang ausgestreckten Arm hoch über das Wasser, damit sie nicht nass würden.

Mit nur einem Arm und den Beinen machte er sich dann schwimmend auf, um zu uns ans Boot herüber zu schwimmen.

Die Strecke durch das Becken war dann doch weiter als er gedacht hatte und die Schuhe wurden unterwegs immer schwerer. Mit nur einem Arm kam er auch beim Schwimmen nicht so gut vorwärts. Das kostete doch einiges mehr an Kraft als zuvor gedacht.

Nachdem er den halben Weg hinter sich hatte näherten sich seine Schuhe immer mehr der Wasseroberfläche.
Etwa vier Meter vor dem Erreichen seines Zieles war es dann passiert.
Die Schuhe berührten die Wasseroberfläche, um kurz darauf darunter einzutauchen.
Am Boot angekommen nahm seine Mutter die triefendnassen Schuhe in Empfang, so hatte er wenigstens beide Hände frei, um über die hinten am Boot befestigte Badeleiter aus dem Wasser zu klettern.

Die nassen Schuhe wurden vorne auf das Vorschiff zum Trocknen gestellt. Die Sonne würde wohl den Rest erledigen.

Freddy musste dann erstmal unter Deck, eine Dusche war fällig, da uns das Wasser im Kanal nicht so sonderlich sauber erschien.

Na, wenigstens hatte er so eine doppelte Erfrischung bekommen.

Nach dieser erfrischenden Schaueinlage erwarteten wir und die Besatzungen der anderen Boote ungeduldig den Zeitpunkt, an dem es endlich für uns alle weitergehen sollte.
Zu der angegebenen Stunde waren alle Crews auf ihren Booten einsatzbereit, um unverzüglich abzulegen und unter der dann hoffentlich angehobenen Brücke weiter zu fahren.

Ein schriller Klingelton erklang dann im Ortszentrum und wurde von den umstehenden Häusern zu uns auf die Boote zurückgeworfen, um uns mitzuteilen, juhu, gleich ist es soweit.
Das schrille Klingeln verschwand und wurde abgelöst durch vereinzelt hupende Autos, die noch schnell durch die absinkende Schranke durchwollten, da sie durch das Absinken der Schranken auf der Straße zur Brücke an ihrer Weiterfahrt gehindert wurden.
Das Getöse des alltäglichen und normalen Straßenverkehrs verstarb und wich einer kurzzeitigen Ruhephase.

Ein ungewöhnliches Geräusch erklang. Mit einem lauten Rattern und Ächzen erhob sich das lindgrün erblasste Stahlbauwerk unendlich langsam in die Höhe und raste im Schneckentempo seinem Endziel entgegen, das etwa vier Meter über der Wasserlinie gelegen war.

Die Crews auf den Booten vor uns hatten genau wie wir ihre Motoren gestartet und abgelegt und machten sich hintereinander auf den Weg, um dieses Nadelöhr nun endlich passieren zu können.

Aus der Gegenrichtung kam uns eine Armada von Booten entgegen, die uns durch ihre rasante Geschwindigkeit zu verstehen ließen, kein Ausweichmanöver zu dulden

Platz da, wir kommen.

Wie kann man sich im Urlaub nur immer wieder diesen Stress machen?

Das ist doch auch irgendwie beschaulich, solche Engstellen mit verminderter Geschwindigkeit und gebührenden Respekt zu durchfahren.

Die Engstelle war nicht nur in der Höhe, sondern auch in der Durchfahrtsbreite eingeschränkt, aber hinter der vielleicht 50 Meter weiter entfernten Eisenbahnbrücke öffnete die sich der Kanal nach links und rechts auf die doppelte Breite.

Auch hier lagen zu beiden Seiten des Kanals unzählige Boote an der Kanalmauer. Es war auch ein idealer Platz, so mitten in dem kleinen Städtchen gelegen.

Nach 200 Metern knickte der Kanal nach rechts ab, um sich erneut in der Breite zu verdoppeln.

Auf dem Kanal verließen wir die Stadt und das Gelände wurde flacher und flacher, bis es sich kaum noch über die Wasserlinie des Meeres, das an Steuerbord wieder unser Begleiter wurde, erhob.

Von hier aus gab es auch auf der Steuerbordseite einen sehr breiten Zugang in einem Abzweigkanal, der eine direkte Verbindung zum Mittelmeer darstellte.

Dieser Abzweig war für uns als Mietbootfahrer verboten, aber warum sollten wir auch dort hinein abbiegen?

Der *Canal Rhône a Sète* führte nun für fünf Kilometer mittig durch den *Étang d'Ingril*, der hier allerdings durch Steindämme zu beiden Seiten eingedämmt war.

Abbiegen verboten beziehungsweise nicht möglich.

Durch die späte Möglichkeit der Passage unter der Brücke von *Frontignan* blieb uns heute nicht mehr so viel Zeit für eine weite Tagesetappe. Im Vorfeld hatte ich am Nachmittag aber ausreichend Zeit, um in der Karte einen Platz für unseren Tagesabschluss zu finden.
Meine Idee war, noch ein paar Kilometer den Kanal zu befahren, um dann in Strandnähe auf Höhe eines Verbindungsweg durch die Dünen anzulegen.
Dort wollten wir Anlegen, zum Baden an den Strand und dann dort die Nacht verbringen.
Nach ungefähr fünf Kilometern überspannte die *D 114* den Kanal bei *Les Aresquiers*. Wenige hundert Meter danach endete die Schotterstraße, die den Kanal ab der Brücke begleitete, an einem kleinen Parkplatz. Von dort war ein Fußweg durch die Dünen wenige hundert Meter rüber zum Sandstrand in der Karte eingezeichnet.
Hier, so hatten wir uns überlegt, bestand eine super Möglichkeit zum Baden im Meer.

Die uns vorausfahrenden Boote entfernten sich bereits am Horizont, als ich die Fahrt verminderte, um einen geeigneten Platz zum Anlegen zu finden. An Backbord sah die Kanaleinfassung wesentlich naturbelassene aus, auf unserer Seite an Steuerbord erschien uns eine beständige Mauer zu begleiten, die aber nicht die seitliche Uferhöhe erreichte. Das war bestimmt einmal vor längerer Zeit eine ältere Kanaleinfassung gewesen.

Ungefähr zwanzig Zentimeter unter der Wasserlinie sprang eine gleich große Mauerkante hervor, die uns ein direktes Anlegen am Ufer erschwerte.

Wir versuchten zwischen Mauer und Boot unsere Fender zu platzieren, was aber durch den Auftrieb der Fender erschwert wurde. Sie wollten einfach nicht unter der Wasserlinie auf Höhe der Mauerkannte das Boot schützen.

Durch strammes Anziehen unserer Leinen versuchte ich Die Fender einzuklemmen, was auch in diesem Moment zu gelingen schien.

Hier an dieser Stelle am *PK 86* wollten wir nun nach unserer Hochseeüberquerung den Tag gemütlich ausklingen lassen.

Unsere gesamte Palette an Badeutensilien wurde zusammengerafft, unter die Arme geklemmt und mit Sonnenschirm bepackt machten wir uns auf den Weg, um den Sandstrand von *Les Aresquiers* zu erobern.

Wir mussten ungefähr fünfzig Meter von unserer Anlegestelle zurück zu einem kleinen wilden Parkplatz gehen, um dann links durch die Dünen zum Strand zu gelangen.

Dort passierten wir auch ein Schild, dem wir zuvor keine Beachtung geschenkt hatten.

Plage Les Aresquiers, Plage Nudistes.

Strand von Les Aresquiers, FKK-Strand.

Und ich hatte mir extra neue Socken angezogen.

Wir marschierten im Gänsemarsch durch die Dünen herüber zum Meer, zeitgleich kamen uns aber dutzende Badegäste aus der Gegenrichtung entgegen.

Die einen gehen, die anderen kommen, aber wir hatten es ja nicht weit zurück zu unserem Heim.

Der Weg durch die Dünen wurde zunehmend enger, und man musste aufpassen, dass man sich an der stacheligen Macchia nicht die Beine verkratzte, wenn man einem auf der Heimreise befindlichen Badegast den Weg freimachte.

Und dann lag er vor uns, der Strand von *Les Aresquiers*. Links und rechts konnte man einige Kilometer weit sehen, allerdings war er bei weitem nicht so verlassen wie die Sandstrände der Rhônemündung bei *Port St. Louis du Rhône*, die wir früher im Urlaub immer so oft aufgesucht hatten.

Auch der Sandstreifen selbst war hier am Strand wesentlich schmaler, machte aber einen alles in allem sauberen und gepflegten Eindruck.

Ein nur leicht beständiger Wind wehte vom Meer aus an Land und ließ einem die noch vorhandene Sonnenwärme vergessen. Der salzige Geruch des Meeres war unverkennbar.

Mit einer leichter Dünung brachen sich die Wellen in der Brandung unweit der Sandstreifens, selbst für kleinere Kinder stellte dies bei diesen Bedingungen keine Gefahr da.

Unsere Badehandtücher verzierten bald darauf den Strand und wir machten uns auf, unsere Füße in die Fluten einzutauchen.

Zum ersten Mal in diesem Jahr waren wir wieder am Meer und genossen die Badefreuden.

Die Sonne näherte sich später immer mehr dem Horizont und die Hitze des Tages wich einer angenehmeren Wärme. Das Wasser des Mittelmeers erschien uns immer wärmer und wärmer zu werden.

So konnte man es aushalten. Vielleicht lag es nur am Nachlassen der Hitze, aber auch früher hatten wir öfters den Eindruck, dass das Meer einem zum Abend hin wärmer vorkam.

Immer mehr Badegäste packten ihre Sachen, um den hier verbrachten Tag am Meer zu beenden.

Langsam bekamen auch wir Hunger und macht dann es den anderen Leuten nach.

Durch die Sanddünen marschierten wir wieder im Gänsemarsch zurück zum Boot, das nach wie vor an seinem Platz im Kanal zu finden war.

Zurück an Bord ging es für alle der Reihe nach unter die Dusche, um die Haut vom Salz des Meeres zu befreien und sich Abzuspülen.

Unser Koffergrill wurde zusammengebaut und auf dem Uferweg aufgestellt. Stühle und Tisch kamen dazu, heute Abend wird gegrillt.

Vom Strand kamen noch immer Leute zu dem kleinen Parkplatz gelaufen, der am Ende einer kleinen Straße, wie ein Wendehammer, gelegen war, um zu ihren Fahrzeugen zu gelangen.

Manch einer von ihnen bemerkte den angefeuerten Grill und unser im Aufbau befindliches Buffet und wollte sich gerne dazugesellen.

Alles besetzt, kein Platz mehr frei.

Später, nachdem unser Grillen beendet war und wir wieder alles schön ins Boot zurück an Bord verstaut hatten, löschte ich den Grill ab, damit nicht unbeabsichtigt durch Funkenflug bei dem leichten Wind, der auch hier vorhanden war, etwas passieren konnte.
Die Brandgefahr in Südfrankreich ist einfach extrem hoch. Die durch die Sommerhitze ausgetrockneten Bäume und Sträucher fangen sehr schnell Feuer und sind nur unter großem Aufwand zu löschen. Zu oft hatten wir das oben in *Le Camp du Castellet* erlebt, von wo man im Hinterland die Waldbrände erleben konnte.

Und wie oft hatte es dabei Häuser oder ganze Ortschaften bedroht.

Während des Grillens stand unser Grill unmittelbar an der Kante zum Wasser des Kanals in einem Sandstreifen, dort hätte nichts passieren können.
Und unser Wassereimer war immer in greifbarer Nähe dabei.

Nach dem Essen entschlossen wir uns dazu, den Sandstrand für einen kleinen Abendspaziergang erneut aufzusuchen.
Also wurde die legere Bordkleidung gegen Mode Modell „Abends am Strand" ausgetauscht.
Zum dritten Mal an diesem Tag watschelten wir erneut durch die Dünen zum Strand.
In der Zwischenzeit hatte sich das Bild hier total verändert. An der Wasserlinie und im Wasser fanden sich kaum noch Badegäste. Einige Spaziergänger liefen barfuß, ihre Schuhe in der Hand und mit den Füßen im Wasser, am Strand entlang.
Einige hundert Meter weiter konnten wir an den Dünen ein größeres Lagerfeuer erblicken, so wie wir es früher auch am Rhônestrand öfters gemacht hatten.

Dort wurde gegrillt, musiziert, gefeiert. Eine Familie mit vielleicht fünfzehn Personen, Groß und Klein, hatte sich dort niedergelassen und verbrachte den Abend auf diese Weise.

Tagsüber war am Strand trockenes und angespültes Treibholz gesammelt und in der Nähe der Düne aufgestapelt worden, das dann am Abend für ein großes Lagerfeuer entzündet wurde.

Unten am Wasser steckten einige Angeln im Boden, die Leinen waren weit hinaus ins Wasser ausgebracht worden. Ab und zu schaute jemand nach dem Rechten.

Am Horizont konnte man in etwa zehn Kilometern Entfernung ein Lichtermeer erkennen, von dem sich auch ein buntbeleuchtetes Riesenrad abhob. Das müsste das kleine Städtchen *Palavas-les-Flots* sein, das eigentlich für Morgen auf unserer Entdeckungsliste stand.

In der anderen Richtung zurückblickend nach *Frontignan* konnte man entlang des Strandes nur wenige Lichter erblicken, hier schien das abendliche Leben nicht so zu brummen.

In der Zwischenzeit waren wir ein gutes Stück am Strand entlanggelaufen und entschlossen uns nun dazu umzukehren, langsam wurde es dunkel. Mit unseren Taschenlampen, die wir vorsorglich mitgenommen hatten, konnten wir uns den Weg zurück etwas Ausleuchten. Auf dem Weg durch die Dünen wurden wir dann Opfer wilder Tiere, die sich zielstrebig und blutrünstig auf uns schmissen.

Zum ersten Mal, seitdem wir mit dem Boot unterwegs waren, hatten wir mit es mit Monstermücken zu tun.

Erstaunlicherweise aber nur an dem zum Meer hin gewandten Teil der Dünen, auf der anderen Seite zum Kanal hin war dem nicht mehr so.

Und dass, obwohl auf der anderen Seite des Kanals das Wasser des *Étang de Vic* doch auch eine Brutstätte für Mücken sein müsste.

Oder das Wasser dort war ganz einfach schon zu salzig, dass es die Mücken nicht anlockte.

Auf dem Boot hatten wir es bis jetzt noch nie mit Mücken zu tun gehabt, und wir hofften, dass es auch so bliebe.

Trotzdem hatten wir uns vor dem Beginn der Bootsreise mit allen nur möglichen Mittelchen ausgestattet, um diese Plagegeister zu vertreiben oder um im Falle eines Falles eine notärztliche Behandlung mit kühlenden und lindernden Salben einleiten zu können.

Unsanft geweckt

Am nächsten Morgen wurden wir sehr früh und unsanft geweckt. Irgendwann kurz vor 06:00 Uhr war die Nacht für uns zu Ende.
Das Boot tanzte wie wild im Wasser und krachte laut gegen die Unterwasser gelegene Mauerkante. Es gab jedes Mal ein Geräusch, als ob das Boot mit jedem Schlag in der Mitte auseinanderbricht.

Was war denn nur los?

Es dauerte einen Moment bis das wir realisierten, was die Ursache für unseren wilden Galopp auf dem Wasser war.
Irgendwelche Fischer waren mit ihren Booten an unserem ruhig am Ufer befestigten Boot vorbeigerast, deren Bugwelle sich dann durch die Kanaleinfassung zu beiden Seiten nicht auslaufen konnte und mehrfach hin und her geworfen wurde.
Durch das starke Schaukeln hatten sich unsere Fender befreit und durch ihren eigenen Auftrieb nach oben aus der eingeklemmten Position gelöst.
Nun war zwischen der Bordwand des Bootes und der Steinstufe unterhalb der Wasserlinie keinerlei dämpfender Schutz mehr, das Boot knallte erbarmungslos gegen diese Steinkante.
Es dauerte eine ganze Weile bis sich das Wasser wieder so beruhigt hatte, dass dieser Spuk vorbei war.
Uns saß der Schreck noch immer in den Gliedern.

Solch rücksichtslose Mitmenschen.

Oder war das mit Absicht gemacht worden, um sich mit uns einen Scherz zu erlauben?

Das hätte schon einen ernsthaften Schaden am Boot verursachen können, leicht hätte das Boot an der Mauer Leck schlagen können.
Kaum hatten wir uns von diesem Schreck erholt, da sah ich von hinten
neuen Ungemach auf uns zukommen.

Ich traute meinen Augen kaum.

Aus dem Abzweigkanal, der vom Meer aus in den Kanal *Rhône a Sète*
mündete, kam ein Küstenmotorschiff in den Kanal eingefahren. Das sah
selbst aus dieser Entfernung bereits riesig und gewaltig aus, und es war
damit zu rechnen, dass das ganze Spektakel von vorhin erneut losgehen
würde.
Ich sprang mit Pascal zusammen an Land und wir versuchten die Fender zwischen der Mauerkante und der Bordwand neu zu platzieren und
auch dort zu halten, als dieses Ungetüm an uns vorbeizog.
Der Frachter war bereits eine gute Bootslänge an uns vorbeigefahren
als seine Bugwelle auf unser Schiff prallte.
Das Boot fing wieder an zu tanzen, aber zum Glück nicht so wild wie
vorhin bei dem rasenden Fischerboot.
Zu dieser frühen Morgenstunden war es hier alles andere als gemütlich
zugegangen.
Unser Gestern zwischenzeitlich gefasste Plan, hier noch etwas in der
Strandnähe zu verweilen, wurde ins Wasser des Kanals versenkt, soweit
war das sicher.
An Weiterschlafen war jetzt nicht mehr zu denken.
Wir kontrollierten draußen noch einmal das Boot, ob irgendwo eine
schadhafte Stelle zu sehen war, aber wir konnten dort nichts feststellen.
Zum Glück war in den Schränken an Bord auch nichts zu Bruch gegan-
gen, sodass wir wenigstens für unser nun sehr frühes Frühstück noch
alle Tassen und Teller beisammenhatten.
Der Gasherd wurde angestellt, um Wasser für den Kaffee zu kochen.
Unsere Augen hielten total verunsichert immer wieder Ausschau auf
den Kanal vor und hinter uns, ob uns nicht doch noch ein weiteres Ge-
rumpel drohen würde.

Zum Glück blieben wir aber vorerst davor verschont.

Nach dem Frühstück wurde unser Koffergrill, der die Nacht über zum Auskühlen am Uferstreifen stehen gelassen worden war, gereinigt und wieder an Bord verstaut.

Alles war bereit zum Abfahren. Der Motor wurde angelassen und an Land die Taue von den Eisenstangen gelöst, die wir wie üblich in den Uferbereich in den Boden eingetrieben hatten. Mit dem dicken Hammer wurde dann die Stangen losgeklopft und mitsamt dem Hammer an Bord in der Backskiste verstaut.

Unsere Weiterfahrt begann.

Der Kanal führte die nächsten Kilometer fast schnurgeradeaus durch verschiedene Étangs zur linken und zur rechten Seite des Kanals. Die Mauern der Kanaleinfassung war an vielen Stellen offen zu diesen Étangs, aber eine Einfahrt dorthinein war an allen Stellen nicht gestattet.

Sie waren in der Karte nicht bezeichnet und nicht ausgeschildert, vermutlich waren sie nicht sonderlich tief. Schnell wäre man da irgendwo auf Grund gelaufen und hätte externe Hilfe benötigt, um sich dort wieder zu befreien.

In weiter Ferne lagen irgendwo neben dem *Étang de Vic* und dem *Étang des Moures* einige Salinenfelder, deren sonst üblichen und dazugehörenden Salzhügel konnte man aber nicht sehen.

Vereinzelt erblickte man auf den Étangs, allerdings weit vom Kanal entfernt, einige Flamingos, deren rosa Gefieder sich nur als Punkte in der Landschaft ausmachen ließen.

Von dem kleinen Städtchen *Villeneuve Les Maguelonne,* an unserer Backbordseite gelegen, führte eine kleine Straße zu einem Parkplatz, von dem ein Fußweg über eine schwimmende Brücke auf die andere Seite des Kanals führte. Von dort aus gelangte man an der *Abbaye de Maguelonne* vorbei zu den Stränden ans Mittelmeer herunter.

Diese Passerelle schwamm, auf Pontons gelagert, keinen halben Meter über dem Wasser und wurde bei Bedarf zur hin Seite geöffnet.

Dazu wurde auf beiden Seiten der Passerelle der Zugang für die Fußgänger verschlossen, auf einer Seite eine Verbindung geöffnet und die Brücke mit Hilfe eines Außenborders zur Seite gefahren.

Eine großartige Klappkonstruktion, die man einfach gesehen haben musste.

Bei unserer Annäherung an die Passerelle forderte uns ein Hinweisschild dazu auf, unser Signalhorn zu betätigen, damit der Brückenwärter die Passerelle zur Seite fahren konnte.

Etwa vierhundert Meter vor der Brücke löste ich das Schallsignal aus. Da mir nicht bekannt war, wieviel Zeit für die Öffnung erforderlich war, entschloss ich mich dazu, diese Engstelle langsamer anzufahren, um dort nicht unnötig kreuzen zu müssen.

Aber das war eigentlich nicht nötig. Kaum war der Schall von meinem Gehupe verstummt, da machte sich der Brückenwärter auf, um den Durchgang für die Badegäste in beide Richtungen zu sperren. Dann wurde der Motor an einem Bedienpult gestartet, die Verriegelung für die Sperre der Brücke gelöst und schon begann die Brücke aufzuklappen.

Der ganze Vorgang dauerte keine zwei Minuten. Als ich bemerkte, dass sich vor mir die Lücke in der Passerelle öffnete, nahm ich mit dem Boot wieder Fahrt auf.

Und kaum hatten wir die Lücke durchfahren, an der zuvor die Passerelle lag, wurde sie hinter uns schon wieder verschlossen. Damit hatten die Badegäste wieder einen freien Zugang zu Meer.

Eine wirklich lustige Konstruktion.

Hinter der Passerelle machte der Kanal zum ersten Mal seit vielen Kilometern einen Schlenker nach rechts, um an der *Ile d`Esclavon* vorbei zu führen.

Und wieder lagen mit dem *Étang de l'Arnel* und dem *Étang du Prévost* zwei Seen zu beiden Seiten des Kanals. Die paar Flamingos, die wir zuvor noch bei den Salinen erblicken konnten, hatten hier in diesem Bereich keine Verwandtschaft wohnen.

Dafür gab es hier aber furchtbar viele Möwen, die sich mit ihrem typischen Kreischen und Geschrei bemerkbar machten.

Sie stürzten sich hinter unserem Boot in das aufgewühlte Fahrwasser, wohl in der Hoffnung, dort den einen oder anderen Fisch zu erwischen.

Scheinbar war dem so, denn es wurden immer mehr und mehr Möwen, die sich halsbrecherisch in die Fluten unsere Heckwelle stürzten.

So etwas hatten wir so auch noch nicht beobachten können.

Wir hatten uns dazu entschlossen, in dem nächsten kommenden Städtchen *Palavas les Flots* in den dort im Kanalführer eingezeichneten Hafen einzulaufen, um dort für die Übernachtung anzulegen.

Am Nachmittag wollten wir dann bei einem Landgang den Ort unsicher machen.

Wir näherten uns einer Kreuzung zweier Wasserwege. Der quer zum Kanal eingezeichnete Wasserweg, der an Steuerbord zum Hafen herunterführte, stellte sich in der Karte als Fluss *Le Lez* heraus.

Auf der linken Seite in der Gegenrichtung zum Hafen führte der Fluss zu der etwas größeren Stadt *Lattes*, in der mit dem *Port Ariane* ein neues Freizeit- und Wohnviertel angelegt worden war.

Aber wir interessierten uns mehr für das kleine Städtchen unten am Meer.

Vor der Flusskreuzung nahm ich erneut die Fahrt zurück, da in meiner Karte sowohl Sicherheitstore wie auch eine Ampelanlage eingezeichnet waren.

Aber diese beiden Tore standen weit offen und die Ampelanlage, die für das Fahrwasser in Richtung nach *Lattes* ausgerichtet war, war nicht in Betrieb.

Und weder von vorne aus unserer Gegenrichtung noch aus den beiden Querrichtungen des Flusses waren irgendwelche Boote zu erblicken.

Freie Fahrt.

Wir bogen in den Fluss ein um anschließend, so wie in der Karte verzeichnet, nach etwa einhundert Metern rechts in den vorgesehenen Hafen einzufahren.

Vom Ufer her wurden uns aber von zwei Männern Zeichen gegeben, geradeaus auf dem Fluss zu bleiben, der Gästebereich für die Mietboote und für Privatfahrer lag dort draußen.

Ich folgte der Anweisung und ließ das Boot im Fahrwasser weiterlaufen. Kurz darauf lag ein nigelnagelneuer Hafen an Steuerbord voraus vor uns. Ein modernes sechseckiges Gebäude, nur wenige Meter vom Flussufer entfernt, beheimatete die Capitainerie des Hafens von *Palavas les Flots*. Entlang des Ufers an Steuerbord des kleinen Flüsschen *Le Lez* befanden sich Liegeplätze für vielleicht zwanzig Boote, von denen auch einige bei unserer Ankunft im Hafen bereits besetzt waren.

Von Land aus kamen die zwei Mitarbeiter der Capitainerie von vorhin zu uns, um uns beim Anlegen behilflich zu sei. Das war diesmal auch ganz gut so, denn hier wehte mittlerweile ein ordentlicher Wind von der Seite heran, der es mir am Anfang sehr erschwerte, das Boot in die angestrebte Box einlenken zu können.

Vom Steg aus wurden von den beiden ~~Seeleuten~~ Landleuten unsere Taue entgegengenommen, um diese an den Klampen an den seitlichen Stegen der von uns anvisierten Box zu belegen. Nun bekam ich von einem der Mitarbeiter die Anweisung, das Ruder auf Backbord zu legen und mit dem Vorwärtsgang das Boot langsam vorwärts anzufahren.

Durch das vordere befestigte Tau war der Bewegungsraum des Bootes eingegrenzt und das Boot fuhr fast wie allein an die richtige Position in die Box.

Man muss sich nur mit Booten und Leinen auskennen und auch damit umgehen können.

Nach dem Anlegen ging ich in die Capitainerie und bezahlte dort unseren Liegeplatz für die Nacht. In dem neuen und modernen Gebäude befanden sich auch Sanitärräume mit Toiletten und Duschen sowie ein Hauswirtschaftsraum mit einer Waschmaschine und einem Wäschetrockner.

Das Tollste daran war, alles dies konnten wir kostenlos mitbenutzen, die Nutzung war im Preis für unseren Liegeplatz enthalten. Den Zugang zu den ganzen Einrichtungen erlangten wir mit einem Zahlencode, der mir zusammen mit der Rechnung und einem Stadtplan für *Palavas les Flots* ausgehändigt wurde.

Toller Service.

Ich marschierte nach dem Bezahlen zurück zum Boot und berichtete von den Serviceeinrichtungen, die uns hier zur Verfügung standen. Kaum hatte ich dies ausgesprochen und die Angebote im Hafen aufgezählt, war meine Frau bereits mit ihren Duschsachen im Gebäude verschwunden, um zu testen, ob ich die Wahrheit erzählt hatte.

Und so wie ich ihn kenne würde Pascal ihr bald folgen.

Aber warum auch nicht, dort war es bestimmt geräumiger als in der engen Duschkabine bei uns an Bord im Vorschiff.

Am Abend machten wir uns dann nach dem Essen alle fein für einen Landgang ins Zentrum der Stadt, um den Ort zu erkunden.
Vom Hafen brauchten wir nur dem Weg entlang des Flusses folgen, um dorthin zu gelangen.
Im Zentrum waren sehr viele Touristen unterwegs. Zu beiden Seiten des Flüsschens befanden sich etliche Cafés und Restaurants, die mit ihrer Außengastronomie versuchten, ihre Gäste anlockten. Es war sehr voll und wir hatten einige Mühe, dort einen lauschigen Platz zu erwischen, wo der Trubel nicht so überhandnahm.
Dort gönnte ich mir einen Pastis und für meine mitreisende Crew gab es diesmal ein frisches Eis mit Sahne und Allem drumherum.
Nach dieser kulinarischen Einlage spazierten wir dann noch etwas weiter in Richtung zum Meer herunter. Kurz vor der Flussmündung zweigte auf der gegenüberliegenden Seite noch ein kleiner Fischerhafen ab, in dem Dutzende kleinere Fischerboote lagen. Im Hintergrund des Fischerhafens erblickten wir ein modernes Ferienviertel mit unzähligen Apartmenthäusern, die mit den unterschiedlichsten Stockwerkzahlen in den Himmel ragten. Zum Glück waren nicht so Wohncontainer wie in Benidorm dabei.
Hier am unteren Ende des kleinen Flüsschen, der schnurrgerade eingemauert durch den ganzen Ort mehr wie ein Kanal als ein freier Fluss wirkte, gab es eine kleine Kabinenbahn, mit der man in mehreren Gondel von der einen Seite auf die andere Seite des Flusses wechseln konnte.

Toole Touristenattraktion.

Langsam wurde es dunkel, die Nacht brach ein. Immer mehr Lichter erstrahlten und verwandelten die ganze Umgebung in eine andere Welt.
Der ganze Ortskern war irgendwann hell erleuchtet. Entlang etlicher Gebäudekanten und Umrisse erschienen, je dunkler es wurde, mehr und mehr bunte Lichterketten, und verwandelten das Aussehen der zum Abend neu erwachten Stadt.
Unweit von unserem Standort gegenüber vom Hafen fanden wir dann auch eine Telefonzelle, von der aus wir einen Lagebericht nach Hause absetzen konnten.

Auf unserem abendlichen Rundgang fanden wir auf dem Rückweg auch eine Kirche, deren Tore weit offenstanden und die wir von Innen besichtigen konnten.

Dieser spontane Besuch im Innern der kleinen Kirche war ausgesprochen schön und eindrucksvoll. Durch eine Lautsprecheranlage wurde im Gebäude dezente Musik abgespielt, was dem Ganzen eine ausgesprochen angenehme Atmosphäre verlieh.

Die Kirche konnte man nicht nur durch das Hauptportal betreten, sondern auch zu den beiden Seiten des Kirchenschiffes. Dort waren noch weitere Zugänge zum Innenraum vorhanden, der dadurch erschien, als ob er ein zugehöriges Stück des Platzes draußen sei. Durch einer dieser Zugänge verließen wir die Kirche in eine der Seitenstraßen, um uns dort unseren Weg zurück zum Hafen und zu unserem Boot zu suchen.

Am Bord zurückgekehrt setzen wir uns noch eine Weile nach draußen, um die hier wieder vorhandene und an den vielen Tagen vorher so gewohnte Ruhe zu genießen. So ähnlich wie dort unten im Ortskern würde es wahrscheinlich in den anderen Touristenhochburgen zugehen.

Ramba Zamba, jeden Tag.

Wer denn so etwas braucht.

Wir eigentlich nicht.

Aber es war auch einmal interessant zu sehen, wie andere Menschen sich ihren ruhigen und erholsamen Urlaub so vorstellen.

Wir verbrachten hier im Hafen eine ausgesprochen ruhige Zeit, obwohl unten im Ort fast die ganze Nacht über die Post abging.

Richtig gut ausgeschlafen begrüßten wir den neuen Tag, waren wir doch nicht wieder, so wie am Vortag, mitten in der Nacht von rüpelhaften Raserbooten geweckt worden.

Der Mistral, der uns am Vortag beim Anlegen so geärgert hatte, hatte sich etwas gelegt und war einer leichten Brise gewichen. Das war recht angenehm so, wenn ein bisschen Wind am Vormittag die aufkommende Hitze des Tages einem nicht so zu schaffen macht.

Einer Übersichtskarte des Hafens hatten wir entnommen, dass sich direkt auf der anderen Seite des Kanals ein Einkaufszentrum befinden sollte. Nach dem Frühstück machten wir uns dann am Vormittag auf, um den Laden ein wenig zu plündern.

Wir mussten um den Hafen gehen, um von dort entlang einer Schnellstraße über die Autobrücke auf die andere Seite des Kanals zu gelangen. Auf der anderen Seite der Brücke senkte sich der Straßenverlauf ab von der Höhe der Brücke auf das Niveau der umgebenden Landschaft und verlief in der Ferne am Horizont irgendwo auf *Montpellier* zu.

Soweit brauchten wir zum Glück nicht gehen. Vorher gelangten wir zu einem Kreisverkehr, von dem wir über die Zufahrt zum Parkplatz den Zugang zum Supermarche erreichten.

Mit einer Münze wurde ein Einkaufswagen entriegelt und ab ging es in die Bude auf eine kleine, wie sich dann aber herausstellte mittelgroße Shopping Tour.

Nicht nur Getränke, sondern auch frische und von uns benötigte Lebensmittel fanden ihren Platz in unserer Shoppingkarre, die immer erschwerter zu schieben und zu lenken war.

Unser Marsch durch die Kassenanlage war noch verhältnismäßig harmlos. Da wir mit Kreditkarte zahlten, schmerzte uns der Geldverlust nicht sofort, sondern erst in sechs Wochen wieder zu Hause in Düsseldorf.

Das große Drama kam für uns zum Schluss.

Wie, verflucht, so stellte sich die Frage, bekommen wir denn den ganzen Krempel rüber auf das Boot?

Wir hatten keine vernünftige und ausreichend große Tragetasche dabei, um die Sachen einigermaßen einpacken zu können.

Zum Glück konnte ich im Eingangsbereich irgendwoher zwei Kartons ergattern, die wir dann mit Getränken und Co. beladen konnten.

Aber trotzdem mussten wir das ganze Gerümpel nun noch durch die Gluthitze der Sahara rüber auf unser nicht klimatisiertes Boot schaffen. Der Weg zurück zum Hafen und zu unserem Boot wurde immer länger und länger.

Wir bewegten uns scheinbar in einem Paralleluniversum.

Mit jedem Schritt der Annäherung an unser Boot schienen wir uns von unserem Ziel zu entfernen, anders konnten wir uns das nicht mehr erklären.

Die Arme wurden immer länger und länger.

Niemand von den Einheimischen oder den Touristen in den Autos, die auf der Brücke an uns vorbeifuhren, hatte mit uns Mitleid und hielt an, um uns und unsere Sachen rüber an unseren Bestimmungsort zu bringen.

Aber zum Glück hatte diese Quälerei einmal ein Ende und wir erreichten unser schwimmendes Heim vor dem Wintereinbruch. Kaum an Bord zurück und gedacht, das war es nun, begann der Stress erst recht. Wo und wie sollten wir das ganze Zeugs im Kühlschrank oder in den Fächern im Boot unterbringen können.

Eine schier unmögliche Aufgabe.

Gefühlte Stunden später und nach getaner Arbeit verließen wir diesen wunderschönen Hafen, um unsere nun unumgängliche Rückreise anzutreten.
Irgendwann geht alles vorbei, auch diese für uns so schöne Zeit mit dem Boot auf dem Wasser.
Auf dem ersten Etappenstück unsere Rückfahrt hatten wir keine Schleusen vor uns, lediglich die Passerelle an der *Abbaye de* Maguelonne und die Hubbrücke von *Frontignan* lagen auf unserem Weg und stellten ein zeitliches Hindernis dar.
Das erste Nadelöhr hatten wir recht schnell erreicht und gab uns nach meinem Schallsignal mit der Hupe, so wie bereits auf der Hinfahrt, schnell den Weg frei.
Von nun an hatten wir freie Fahrt auf dem Kanal bis zu Hubbrücke von *Frontignan,* die wir nach dreizehn Kilometern erreichen sollten. Mit der in der Karte ermittelten Entfernung zur Hubbrücke konnte ich nun abwägen, wieviel Fahrzeit wir bis dorthin benötigten.

Die Recherche ergab, dass wir ungefähr fünfzehn Minuten vor der Brückenöffnung dort eintreffen könnten, wenn uns unterwegs auf der Kanalstrecke nichts anderes aufhalten würde.
Zum Glück hatten wir auch kein anderes Boot vor uns, sodass wir wirklich freie Fahrt hatten und gut vorankamen. Wir waren sehr gespannt, ob diese Rechnerei wirklich zu unseren Gunsten aufging.
Die Fahrt durch die Lagunen auf dem *Canal Rhône a Sète* war, genauso wie auf unserer Hinfahrt, wunderschön.
Die Möwen nervten auf dem ersten Stückchen auf dem Kanal wie zuvor, am liebsten wären sie bei uns in den Salon hineingeflogen und auf dem Brotkorb gelandet.
Später konnten wir weitaus mehr Flamingos ausmachen als auf unserer Hinfahrt.
Nach gut eineinhalb Stunden näherten wir uns dem zweiten Hindernis auf unserer Wegestrecke.
Vor uns kreuzten bereits ungeduldig mehrere Boote vor der Brücke und warteten auf die Freigabe der Fahrrinne. Wir hatten noch etwas bis dorthin zu fahren und waren noch einige hundert Meter von der Hubbrücke entfernt, als der uns schon bekannte schrille Klingelton für die Ankündigung der Brückenöffnung erklang.
Wie auf der Hinfahrt schon einmal erlebt erhob sich das hellgrüne Ungetüm aus seiner unteren Ruheposition und erkletterte seinen beschwerlichen Weg nach oben.
Kaum wechselte das Lichtzeichen an der Brücke von Rot auf Grün, als auch schon die ersten Boote vor uns mit Vollgas unter der Brücke hindurchfuhren.
Aus der Gegenrichtung kamen uns diesmal nur zwei Boote entgegen, ein Mietboot und ein Segelboot, die nach der Vorbeifahrt der uns voreilenden und vorrausfahrenden Armada die Brückenpassage erstürmten.

Und wir hatten immer noch gut zweihundert Meter vor uns.

Wetten, dass der Brückenwärter kurz vor unserer Ankunft an der Brücke auf südfranzösische Manier die selbige vor unserer Nase wieder schließt.

Frei nach dem Moot „Denen habe Ichs aber gegeben".

Aber wir hatten Glück und der gute und liebenswerte Mann hatte Mitleid mit uns Touristen und erbarmte sich unserer.
Die Ampel, jetzt noch fünfzig Meter vor uns entfernt, zeigte mir noch immer grünes Durchfahrtslicht.

Und die Brücke blieb noch immer oben.

Da konnte etwas nicht stimmen?

Nein, er war einfach nur rücksichtsvoll und umsichtig. Wir grüßten dankend hoch zum Brückenwärter, der an seinem Kontrollpult stand, als wir auf der anderen Seite unter der Brücke herauskamen.
Und schon erklang wieder das schrille Klingeln und die Brücke bewegte sich die Gegenrichtung nach unten.

Da hatten wir aber so richtig Glück gehabt und es gerade rechtzeitig so geschafft, dass wir in der Mittagszeit hier durchkamen und nicht wieder bis zum späten Nachmittag, wie auf der Hinfahrt, auf die Brückenöffnung warten mussten.
Für den Rest des Tages hatten wir alle Zeit der Welt. Und außerdem die Entscheidung zu treffen, wie es mit unserer Route weitergehen sollte.

Plan A oder Plan B?

Plan A

Wir könnten noch heute mit unserem Boot über den *Étang du Thau* übersetzen, um es auf der anderen Seite des Sees vielleicht noch bis nach *Agde* zu schaffen, um dort für die Nacht anzulegen. In *Agde* wollten wir uns dann für unser Abendessen ein kleines und nettes Restaurant suchen, um den Tag ausklingen zu lassen.

Die Reiseleitung hatte beschlossen, zum Abschluss unseres Urlaubs, an den beiden nächsten noch verbleibenden zwei Tage auswärts essen zu gehen.

Plan B

Alternativ bestände die Möglichkeit, heute hier am *Étang du Thau* zu bleiben und zu versuchen, in einem der kleinen Fischerörtchen am Nordufer des Sees oder gar in Séte selbst einen Übernachtungsplatz zu finden und uns dort nach einem geeigneten Restaurant umzuschauen.

Was tun?

Wir hatten noch eine knappe halbe Stunde bis zum Erreichen des Lagunensees, bis dorthin wollten und mussten wir zu einer Entscheidung gekommen sein.
Nach der Brückendurchfahrt in *Frontignan* erreichten wir das Gebiet der Raffinerie, dass diesmal zu unserer linken Seite lag.

Wir fuhren jetzt ja auch in die andere Richtung zurück.

Auf Höhe des Örtchen *La Peyrade* bekamen wir Hilfe von unbekannter Seite, uns wurde die schwierige Entscheidung riechbar erleichtert.
An unserer Steuerbordseite befanden sich die Hallen der Austernfischer, in deren Umfeld sich auch einige einfachere Fisch- und Austernrestaurants befanden.
Hier bestand für uns zwar keine Möglichkeit mit unserem Boot anzulegen, aber der Geruch, der vom Ufer zu uns ans Boot herüberwehte, machte uns die Entscheidung einfach.

Fisch.

Muscheln.

Wir wollten irgendwo hier oben am Binnensee bleiben und uns ein typisches und einfaches Restaurant suchen, um dort das Angebot an Meeresfrüchten zu Testen.

Wenig später nach unserer kulinarisch unterstützten Endscheidung mündete der Kanal in den See.

Zu unserer linken Seite öffnete sich in zwei Kilometern die Möglichkeit, nach Séte abzubiegen und dort in den Hafen einzulaufen.

Dort gab es aber wieder ein Nadelöhr, eine Drehbrücke.

Auf dieses Spiel hatten wir nun aber keine Lust mehr.

So blieb uns nur am Nordufer des Sees eines der beschaulichen Fischerörtchen am *Étang du Thau* anzusteuern.

Marseillan am anderen Ende des Sees, *Mèze* in der Mitte auf halber Strecke oder das kleinere Örtchen *Bouzigues,* direkt hier am oberen Ende des *Étang* gelegen?

Schon wieder eine Entscheidung, die es zu treffen galt. Das Leben ist manchmal so kompliziert.

Erneut übers Meer?

Wir entschieden uns für *Bouzigues.*

Dieses Ziel war nicht so weit entfernt und schneller erreicht. Somit hatten wir vor Ort mehr Zeit dazu, uns in der kleinen Stadt in aller Ruhe für den Abend ein feines Lokal auszusuchen.
Navigatorisch war es ganz einfach, unseren Kurs nach *Bouzigues* zu finden.
Zuerst galt es einfach den bisher gefahrenen Kurs aus dem Kanal hinein in den Étang zu halten, bis das wir nach zwei Kilometern die Höhe der beiden in der Karte verzeichneten Leuchttürme erreicht hatten.

Dort galt es unseren bisherigen Kurs zu verlassen und nach Steuerbord in nordnordwestlicher Richtung abzudrehen.

Eigentlich konnte man die Einfahrt in den Hafen von *Bouzigues* nicht übersehen.

Bis dorthin befuhren wir den See nun aus der anderen Richtung, was uns eine ganz andere Perspektive der umgebenden Landschaft offenbarte.

Mit den Hügeln von *Séte* seitlich hinter uns erstreckte sich vor uns nun eine flache und glitzernd blaue Wasserfläche und erweckte in uns den Eindruck, wir fuhren mit dem Boot tatsächlich über das Meer.

Der leichte Mistral begleitete uns noch immer, aber das Wasser war nicht sonderlich aufgewühlt. Das Boot lief gutmütig durch das Wasser und Pascal hatte seinen Spaß daran, das Boot durch die Wellen zu Steuern.

Selbst meine Frau hatte sich achtern nach draußen gesetzt, um die Landschaft in der Ferne vom Boot aus zu genießen.

Nach kaum einer Stunde Fahrt auf dem Binnensee näherten wir uns unserem heutigen Zielhafen.

Hoffentlich fanden wir noch einen Platz für unser Boot, da uns der Hafen dort nicht sonderlich groß erschien.

Zumindest die Boote, die vor uns unter der Hubbrücke von *Frontignan* durchgefahren waren, hatten nicht unseren Kurs gewählt.

Ich löste Pascal wieder am Ruder ab, um als Schiffsführer selbst in den Hafen einzufahren.

Wir umrundeten die Schutzmauer aus großen Steinblöcken, hinter der sich die Hafeneinfahrt befand. An Steuerbord war eine Steganlage mit etlichen Boxen vorhanden, die aber fast alle belegt waren.

Außerdem waren sie alle als Dauerliegeplätze markiert und konnten somit von uns nicht benutzt werden. An Backbord gab es einen Bereich, dort konnte man als Gastlieger von Innen entlang der Mauer festmachen. Dort lagen allerdings bereits einige Mietboote mit zu viel Abstand zueinander, zwischen deren Lücken selbst wir mit dem kleineren Boot keinen Platz mehr fanden.

Die Mauer machte im inneren Bereich fast einen 90 Grad Winkel, dort machte ich über die Ecke noch einen Platz aus, der mir für unser Boot ausreichend groß erschien.

Langsam näherte ich mich dieser Lücke und begann vorsichtig mit unserem Anlegemanöver. An der Kaimauer befanden sich die üblichen Eisenringe, die wir zum Festmachen unseres Bootes benutzen konnten. Hier bestand bei Bedarf sogar die Möglichkeit, sich mit Landstrom zu versorgen, den wir aber nicht benötigten.

Brav wie wir sind machte ich mich auf zum Hafenmeister, um unser Liegegeld für die Nacht zu entrichten. Der gute Mann sah mich ganz erstaunt an, als ich in seinem Büro erschien, um den Obolus zu entrichten.

Sowas war ihm scheinbar noch nicht vorgekommen. Die meisten Touristen machten sich vermutlich bereits früh am Morgen aus dem Staub, bevor er zum Kassieren an den Booten erschien.

Nun lagen wir am frühen Nachmittag wie am Mittelmeer in einem kleinen Yachthafen und fühlten uns so, als ob wir irgendeinen Hafen in der Karibik angelaufen hätten.

Ein kleines Stückchen zurück zwischen unserem Boot und der Hafeneinfahrt befand sich auf der Seeseite eine Plattform mit Leiter, von der aus sich ein halbes Dutzend Kinder und Jugendliche in die Fluten stürzten.

Badespaß pur.

Ich brauchte unsere beiden Jungs nicht dazu zu überreden, es den anderen Jugendlichen gleich zu tun.

Ruckzuck hatten sie sich ihre Taucherbrillen und Schwimmflossen geschnappt und waren im Wasser verschwunden.

Wieder eine Auszeit für die Eltern.

Einige Zeit später erreichte noch ein anderes Mietboot den Hafen, um dort die Nacht im Schutze der Mauern zu verbringen. Allerdings war entlang der Mauer kein Platz mehr frei. Kurzentschlossen belegte der Freizeitkapitän eine der leeren Boxen bei den Dauerliegern.

Na, wenn das mal keinen Ärger gibt.

Und so war es dann später auch.

Ich spazierte gerade an der Mauer entlang um die Jungs etwas beim Baden mit der Videokamera zu Filmen, als ein kleineres Motorboot in den Hafen einlief und seinen gewohnten Platz im Hafen besetzt vorfand. Der blockierende Mietbootfahrer war nicht an Bord, vermutlich irgendwo auf einem Landgang. Der Besitzer des Liegeplatzes fing mit einer lautstarken und cholerischen Maulerei an, seinen Anspruch auf diesem Platz anzumelden.

Logischerweise erkannte er mich, mit meiner Videokamera bestückt, als Touristen und zählte eins und eins zusammen. Nur ich könnte der Depp sein, der dort mit dem Mietboot seinen Platz besetzt hatte.

Er fing an seine Maulerei auf mich zu konzentrieren, obwohl ich mit dem Übeltäter überhaupt nichts zu tun hatte.

Der gute Mann hörte gar nicht auf herum zu schimpfen, sodass ich gar keine Möglichkeit hatte, ihm zu erklären, dass ich unschuldig und dies dort in seiner Box nicht mein Boot sei.

Mittlerweile waren im Umfeld des Hafens einige andere Nachbarn in den Booten auf das Geschehen aufmerksam geworden und schauten sich das Spektakel an.

Der kleine Choleriker musste dann doch irgendwann einmal Luft holen, diese kurze Pause konnte ich dazu nutzen, ihm zu erklären, dass ich mit dem Boot nichts zu tun hatte und nur zufällig an Land vor dem Boot spazieren ging.

Die Schnappatmung des Blockierten setzte wieder ein und ich bot ihm an, zusammen mit den anderen Bootsnachbarn das blockierende Boot aus der Box zu entfernen.

Somit bestand dann für ihn die Möglichkeit, sein Boot an seinem angestammten Platz zu legen.

Damit war er dann einverstanden, verfluchte aber nach wie vor alle touristischen Aktivitäten auf dem Wasser und im Hafen vor seiner Box im Besonderen. Zusammen mit ihm zogen wir das Boot an die Seite, damit er freie Zufahrt zu seinem Liegeplatz hatte. Nachdem er sein Boot dort festgemacht hatte legten wir das Mietboot dann erst wieder einmal quer vor seiner Box, bis dass der Fahrer des Mietbootes wieder hier im Hafen erscheinen würde.

Damit war er im Moment einverstanden, nicht ohne zu erwähnen, dass das Mietboot umgehend dort verschwinden müsse.

Der arme Mietbootfahrer, wenn er denn irgendwann zurück zum Hafen kommt und sein Boot woanders vorfindet.

Hoffentlich ist der kleine Choleriker zu dem Zeitpunkt nicht mehr im Hafen auf seinem Boot ...

Aber so etwas kann man doch auch nicht einfach machen, selbst wenn kein Platz mehr im Hafen frei ist.

Am frühen Abend machen wir uns dann zusammen auf, um den Ort zu erkunden und uns dort ein schönes kleines Restaurant zu suchen. Bisher waren wir hier in diesem Städtchen noch nie gewesen und es tat gut, neue Stellen und unbekannte Orte zu entdecken.
Vom Hafen führte eine kleinere Straße am Rathaus vorbei, das sehr nahe am Hafen gelegen war, die dann kurz darauf mehr einer verkehrs-beruhigten Zone glich, hier verkehrten kaum noch Autos. Durch die kleinen Straßen und Gässchen ging es mal rechts und mal links durch den Ort, und irgendwann standen wir vor einem kleinem Straßenrestau-rant, vor dem eine Handvoll Tische auf dem Bürgersteig nahe beim Haus aufgestellt worden.
Wir begannen mit dem Studieren der Speisekarte, die in einem Ständer vor den Tischen vom Bürgersteig aus einsehbar war.
Zu Auswahl kamen zwei oder drei Menüs in unterschiedlichem Um-fang, in den einzelnen Gängen hatte man drei bis vier Angebote zur Auswahl.
Meiner Crew sprangen sofort einige der Angebote ins Auge. die uns in unserer Annahme bestärkten, hier wären wir richtig.

Omelette mit feinen Kräutern und Salade niçoise waren nur zwei der Vorspeisen, die uns bereits beim Lesen das Wasser im Mund zusam-menlaufen ließ.
Als zweiten Gang wurden Rouget als Fisch, das ist eine Rote Meer-barbe, und eine Muschelterrine angeboten.
Spätestens jetzt waren bereits fünfzig Prozent der Mannschaft über-zeugt, hier tatsächlich den richtigen Platz gefunden zu haben.
Den Rest der Speisekarte wollten wir erst später durchstöbern, jetzt galt es erst einmal einen schönsten Tisch für uns zu beschlagnahmen.

Wir fanden einen schönen Platz etwas an der Seite an der Hausmauer, dort waren wir dem Lärm nicht so ausgesetzt, der aus dem Inneren von der Bar zu uns drang.

Eine nette und freundliche Bedienung betreute uns den ganzen Abend, den wir in vollen Zügen genossen hatten. Ich war ganz froh, nach dem Pastis, dem Rouge beim Essen und den Cognac zum Abschluss des Abends nicht noch mit dem Auto zurück zu unserem Quartier fahren zu müssen.

Wäre aber bestimmt auch lustig gewesen.

Zu fortgeschrittener Stunde verlangten wir unsere Rechnung, in der Hoffnung, noch genug Kröten auf dem Konto zu haben.

Unsere Bedienung, die uns wirklich sehr aufmerksam betreute, stellte sich dann später als Inhaberin der kleinen Taverne heraus

Zum Schluss wurden wir sogar bis zur Straße begleitet und dort verabschiedet. Schade, hierhin wären wir gerne auch noch einmal zurückgekommen.

Jetzt galt es, den Weg zurück zum Hafen und zum Boot zu finden.

Durch das ganze Zickzacklaufen durch den Ort auf unserem Hinweg mussten wir nun den richtigen Weg durch das Labyrinth der Häuser wählen.

Aber wie sich dann herausstellte, war es dann doch nicht so schwierig. Außerdem kann man den großen See eigentlich nicht übersehen.

Und wenn denn doch, dann machte es platsch und man bekam nasse Füße.

Wir waren alle in guter Laune, auch wenn uns bewusst wahr, unser Urlaub raste seinem Ende entgegen.

Am Hafen angekommen fehlte das Mietboot, das am Nachmittag in äußerst krimineller Manier Besitz von einem privaten Liegeplatz genommen hatte.

Wir konnten uns das Lachen kaum verkneifen, als wir dann kurz darauf das Mietboot erblickten, das den Hafen verlassen und außen an der Badeplattform angelegt hatte.

Noch immer herrschte leichter Mistral und auf dem Étang du Thau schwappten ganz schöne Wellen, die von dem Wind aufgewühlt wurden.

Und das ausgestoßene Mietboot lag draußen an der Badeplattform festgemacht und tanzte auf den Wellen auf und ab wie ein fahrendes Auto auf einem schlechten Feldweg.

Na, dann gute Nacht.

Uns, besonders mir nach dem feuchtfröhlichen Abend, fiel es nicht besonders schwer die nötige Bettschwere zu erreichen.

Vielleicht war das letzte Glas Cognac an Bord dann doch eines zu viel.

Am nächsten Morgen war alles vergessen. Fit wie immer quälten wir uns aus unseren Kojen.

Eines unserer Kinder MUSSTE jetzt in den Ort und für unser Frühstück sorgen.

Wir waren alle in sehr ausgelassener Stimmung, obwohl uns bewusst war, das heute unser letzter vollständiger Ferientag an Bord und der *Scirocco 2* war.

Das hatte schon etwas von einer Henkersmahlzeit, oder so ähnlich.

Nach dem Frühstück wurde in der Kombüse das Geschirr gespült, damit uns gleich draußen auf dem See nicht das Zeugs um die Ohren fliegt.

Die Jungs versuchten sich ein letztes Mal mit dem Angeln im Hafenbecken, bevor wir uns und das Boot zum Ablegen fertig machten.

Was uns nicht sofort aufgefallen war und von uns erst jetzt bemerkt wurde, unser durchgeschaukelte Mietbootfahrer, der die Nacht draußen außerhalb der Mole an der Badeplattform verbringen musste, war nicht mehr dort.

Entweder war er ein Frühaufsteher, oder er hatte ganz einfach die Schnauze voll von dem Rumgeschaukel.

Der musste früh hier verschwunden sein.

Wir sammelten dann unsere Jungs ein und die ihre Angelleinen, bevor der Motor angelassen und die Festmacher von den Eisenringen gelöst wurden.

Heute konnten wir es ruhig angehen lassen, keine besonderes Tages-etappe lag vor uns. Nur ein letztes Mal quer über den *Étang du Thau*, auf der anderen Seite in den *Canal du Midi* und dann lagen drei Schleu-sen auf unserem Weg bis zum Zielhafen in *Port Cassafières*, dort muss-ten wir am nächsten Morgen bis neun Uhr das Boot übergeben.

Für die Übernachtung am Abend wollten wir ein letztes Mal vor der Schleuse *Portiragnes* anlegen, dort galt es ebenfalls zum letzten Mal dem *Vieux Pressoir* einen abschließenden Besuch abzustatten.

Langsam, so wie wir auch in den Hafen eingefahren waren, liefen wir auch wieder aus dem Hafen aus.

Unmengen von Leuten beschenkten uns keine Beachtung, als wir mit unserem Schiffchen den Leuchtturm an der Hafeneinfahrt umrundeten und unsere Fahrt aufnahmen.

Jetzt mussten wir wieder etwas aufpassen, damit wir bei der Navigation keinen bösen Fehler begehen.

An Steuerbord kamen wir den Austernbänken recht nahe, die weit in den See hinausragten und fast bis über die Mitte nach *Sète* reichten.

Die beiden Leuchtfeuer vor uns, die vom *Étang du Thau* den Wechsel in den *Étang des Eaux Blanches* markierten, lagen genau vor uns und waren ein ausgezeichneter Wegepunkt.

Wir folgten dem Kurs bis zum Rotfeuer am *Point de Balaruc*, um ab dort den Kurs auf Steuerbord zulegen. Von nun an lag der See weit aus-gebreitet vor uns.

Todesmutig wie wir waren überlies ich Frederik das Ruder, der hier im See keine Gefahr für unseren nautischen Mitfahrer darstellte, der See war breit genug und das Ufer zu beiden Seiten weit entfernt, hier konnte er nicht viel anstellen.

Die Austernbänke begleiteten uns die ganze Strecke über den See an unserer Steuerbordseite. Der eigentliche Navigationskanal folgte einer imaginären Linie, die vielleicht einhundert Meter vor diesen Bereichen lag.

Gegenüber, auf unserer Backbordseite, erstreckte sich der eigentliche See, der hier mit unterschiedlichen Tiefen zwischen zwei und sieben Metern eingezeichnet war.

Weiter parallel zu unserem Kurs an Backbord waren auch einige Sandbänke in der Karte verzeichnet, denen wir logischerweise nicht zu nahekommen wollten.

Zur Mittagszeit befuhren wir das letzte Drittel des Sees, bevor wir am Ende unserer Überquerung dort den Leuchtturm und die Einfahrt in den *Canal du Midi* suchen mussten.

Die Sonne schien wieder so kräftig, sowie auch an fast allen Tagen unserer bisherigen zweiwöchigen Reise, und spiegelte sich glitzernd auf der Wasseroberfläche, die uns umgab.

Für die Mittagspause machten wir es uns jetzt ganz einfach, wir drehten nach Backbord ab und verließen den Navigationskanal und erreichten eine Fläche im See, die nicht vom Schiffsverkehr frequentiert wurde.

Mit einem Gewicht an der Angel loteten wir die Tiefe aus, die hier tatsächlich bei nur zwei Metern lag. Das war ideal für uns, hier sollte der Anker fallen.

Damit hatten wir bisher nicht allzu viel Übung, da in den Kanälen das Ankern nicht gestattet war, aber hier im See war das anders.

Der Anker wurde ausgebracht und zusätzlich einige Meter Kettenvorlauf ausgelegt. Das war vollkommen ausreichend für unsere kurze Fahrtunterbrechung.

Ein wunderschöner und abgelegener Ort für unsere Mittagspause und für eine kleine Badeeinlage

Das Wasser im See war lauwarm und fast genauso salzig wie das Mittelmeer selbst.

Nach unserer ersten Badeeinlage zogen wir uns in den Schatten auf das Boot zurück, um uns einen kleinen Mittagssnack zu genehmigen. Der Mistral hatte sich bis auf einen kühlenden, aber dennoch beständigen Wind, gelegt und ließ unser vor Anker liegendes Boot nur geringfügig in den Wellen tanzen.

Das war nicht zu vergleichen mit dem wilden Tango, den der Mietbootfahrer in der letzten Nacht außen an der Mole in *Bouzigues* erlebt haben musste.

Die Mittagssonne, oder besser gesagt die nun beginnende Nachmittagssonne wurde immer stärker und stärker.

Langsam begannen wir darüber nachzudenken, ob es nicht sinnvoller sei, unter den Schatten der Platanenalleen am *Canal du Midi* zu flüchten, da die Sonne es doch sehr gut mit uns meinte.

Aber eigentlich war es hier recht schön.

Die beiden Jungs waren mal wieder am Angeln und konzentrierten sich dadurch auf die Wasseroberfläche, ob irgendetwas schwimmendes sich ihren Ködern nähern würde.

Wir hofften inständig nicht.

Nach einer Weile machten uns die Jungs auf unzählige kleine weißliche Quallen aufmerksam, vielleicht fünf bis acht Zentimeter im Durchmesser, die sich zu dutzenden im Wasser befanden.

Ich vermutete, dass die Sonne in Verbindung mit dem wärmer werdenden Wasser die Quallen näher an die Wasseroberfläche aufschwimmen ließ.

Keinem war bekannt, ob diese Viecher Nesseln würden, sprich, ob wir uns bei ihnen wie an Brennnesseln Verbrennen würden.

162

Es fand sich kein Freiwilliger unter der Besatzung, der das ausprobieren wollte.

Anker auf

Somit stand fest ins Wasser zum Baden würde keiner mehr eintauchen, das war kein einladender Anblick mehr.
Wir entschieden uns zur Weiterfahrt und ich gab das Abfahrtskommando. Die Angelleinen mussten dann eingeholt werden, damit sich die Angelschnur nicht in der Schraube verfängt und uns dann doch noch einmal ins Wasser zwingen würde.
Ich ließ den Motor an und Pascal machte sich daran, die Ankerkette einzuholen. Den Anker selbst hob ich dann aus dem Wasser, er war doch zu schwer.
In einem leichten Bogen wurde das Boot wieder auf unseren alten Kurs zurück auf den Navigationskanal gebracht, um dann nach Backbord auf den letzten Kilometern über den See zu fahren.

Das Ende des Sees kam unaufhörlich näher. Die letzte Austernbank entschwand auf unserer rechten Seite und gab den Blick frei auf *Marseillan*, dass wir nun dort erblicken konnten.
Vor uns war das Gelände nach wie vor sehr flach, keine größere Erhebung konnte uns hier als Landmarke zur Orientierung dienen.
Das wir dennoch auf dem richtigen Kurs fuhren zeigte uns dann ein uns entgegenkommendes Boot, das den See befuhr. Seinem Kurs zurückverfolgend konnte ich dann das Leuchtfeuer am *Pointe des Onglous* erspähen, dass uns dort den Weg in den *Canal du Midi* wies.

Es dauerte von nun an nicht mehr lange und wir waren keine Seefahrer mehr.

Die Einfahrt in den Canal du Midi verlief vollkommen unspektakulär. Kein weiteres Boot kam uns entgegen, kein anderes Boot folgte uns aus dem See in den Kanal.

Die beiden Schleusen auf den ersten sieben Kilometern des Kanals waren eine kleine Abwechslung nach dem stundenlangem Fahren über den See.

Es folgte der kurze Abschnitt auf dem *l'Hérault,* bevor wir zur Rundschleuse erneut in den Kanal einbogen. Hier mussten wir eine Weile auf die Schleusung warten, *Madame le Èclusier* hatte sich zu einer Haarwäsche entschieden, und die ging wohl vor, Touristen konnten warten.

Was für eine Einstellung.

Für das verbleibende Kanalstück bis zu unserem Übernachtungshalt vor *Portiragnes* übernahm Pascal noch einmal das Ruder, nur die enge Durchfahrt an der *Barrage Ecluse* über den *Libron* nahm ich selber vor. Und dann erschien zu unseren linken Seite die Basis von *Le Crown Blue Line* in *Port Cassafières*, an der unsere zweiwöchige Urlaubstour auf dem Wasser am nächsten Morgen ihren krönenden Abschluss finden sollte.

Mein Interesse galt jetzt dem Parkplatz an der Basis, ob ich irgendwo unser Auto erblicken konnte, das ja in der Zwischenzeit unseres Bootsurlaubes von *Castelnaudary* nach hier verbracht werden sollte.

Aber vom Kanal aus konnte man den Parkplatz zu schlecht einsehen, es blieb uns nur das Abwarten bis zum morgigen Tag.

Und dann zu Fuß nach Hause?

Bloß nicht.

Uns blieb nun noch eine kleine Strecke von vier Kilometern, die wir heute noch fahren konnten. Eine Kanalbiegung folgte, und Portiragnes kam in Sichtweite.

Unterhalb der Schleuse wurde angelegt, hier sollte es später ein letztes Mal einen Restaurantbesuch geben. Zuvor wurde an Bord alle nicht mehr benötigten Kleidungsstücke eingesammelt und unser Gepäck vorgepackt.

So hatten wir morgen früh weniger Arbeit damit.

Im Boot stapelten sich überall Taschen, Kartons und Tüten, in denen bereits die meisten unserer Utensilien untergebracht waren.

Anschließend wurde das Boot ein erstes Mal feucht durchgewischt, morgen nach der Ankunft im Hafen und dem Verstauen des Gepäcks im Auto sollte ein finaler Putz stattfinden.

Jetzt ging es endlich in den Ort zum Restaurant, der Weg dorthin war uns in der Zwischenzeit nur zu gut bekannt.

Unser Abendessen zum Abschluss unseres Urlaubes war, wie bereits bei unseren anderen Besuchen getestet, einfach nur superb.

Im Gegensatz zum Vorabend hielt ich mich aber mit den alkoholischen Getränken etwas mehr zurück.

Wir mussten am nächsten morgen früh raus und anschließend stand auch noch die Rückfahrt zurück nach Deutschland auf dem Programm.

Darum sollte es heute Abend bei unserem Landgang auch nicht mehr so spät werden.

Der nächste Morgen war dann schneller gekommen, als uns allen lieb war.

Das Frühstück fiel etwas einfacher aus als an all den anderen Tagen, nach dem Abendessen am Vortag war das auch nicht so ein großer Verlust.

Nun waren wir alle abfahrtbereit und auf ging es auf die letzte Etappe nach *Port Cassafières*. Zum wohl letzten Mal wurde der Anlasser betätigt und der Motor zum Leben erweckt.

Meine bis dahin zuverlässige Crew löste an Land die Taue und ich lenkte das Boot vom Ufer weg in die Kanalmitte.

Die Fahrt wurde aufgenommen, allerdings klemmte wohl der Gashebel, denn wir fuhren nur mit verminderter Geschwindigkeit auf unseren Urlaubsabschluss zu.

Jeder der letzten Kanalkilometer sollte voll ausgekostet werden.

Von hinter uns kam dann irgendwann ein anderes Mietboot angeprescht, um uns zu überholen. Der Kapitän wollte wohl den besten Platz für sein Urlaubsende am schnellsten erreichen.

Wir ließen ihn passieren, wohl wissend, ihn im Hafen wieder anzutreffen, wenn wir dort anlegten.

Und so war es dann auch. Der Hafen kam in Sicht und bot uns einige Boxen an der Steganlage Außen an, von denen ich den nächsten Platz zu Tanksäule wählte, musste das Boot vor der Übergabe doch auch wieder aufgetankt werden.

Beim Anlegen half uns dann ein Mitarbeiter der Basis, den wir vom Frühjahr her kannten und der uns wohl auch wiedererkannt hatte. Hoffentlich erinnerte er sich nicht an das große Loch in der *Buccaneer 6*, das hinten am Boot geklafft hatte, als wir das Boot Ostern zurückgegeben hatten.

Mein erster Weg führte zur Rezeption der Basis, an der ich den nachgetankten Diesel bezahlte und dann, so hoffte ich ganz stark, meinen Autoschlüssel abholen wollte.

Und siehe da, er war tatsächlich vorhanden.

Im Parc fermé stand mein so geschätzter Pajero und war überglücklich, als er mich erblickte.

Aber Waschen hätten sie das Auto ruhig können.

Der Motor vom Auto sprang sofort an. Ich fuhr das Fahrzeug nach vorne an die Steganlage in die Nähe des Bootes, so hatten wir nicht so weit unser Gepäck zu tragen, das es nun galt von Bord zu holen und in das Auto zu verfrachten.

Und glücklicherweise bekamen wir all unsere Habe, zuzüglich der in der Zwischenzeit dazu erworbenen Dinge, sicher im Auto untergebracht.

Ein letztes Mal ging ich an Bord alle Fächer und Klappen durch, ob nicht doch etwas an Bord vergessen worden war, aber alles war in Ordnung.

Das Boot war ein letztes Mal gereinigt worden, nun konnte die Übergabe erfolgen. Der Mitarbeiter, den ich dafür ansprach, winkte nur ab und zeichnete mir den Laufzettel ab, mit dem ich an der Rezeption abrechnen konnte.

Der Kreditkartenbeleg, mit dem ich vor Antritt der Fahrt in *Castelnaudary* die Kaution hinterlegt hatte, wurde mir zurückgegeben.
Damit waren dann alle Formalitäten erledigt und wir wieder zu Landratten geworden.

Somit ging für uns ein wunderschöner und sehr erholsamer Bootsurlaub zu Ende, der mich dazu veranlasste, auch nach so viel vergangener Zeit unsere Reiseberichte von den beiden Törns damals und unsere erlebten Abenteuer auf dem *Canal du Midi* niederzuschreiben.

Michael Reymann,

1959 in einem kleinen Vorort von Düsseldorf geboren, besuchte dort die Grundschule und später die Hauptschule im Nachbarort Erkrath. Seine schulische Laufbahn war geprägt von den zwei Kurzschuljahren, die er direkt nach seiner Einschulung erlebte und die ihm in den folgenden Jahren noch zu schaffen machten.

Mit Mühe erreichte er seinen damaligen Schulabschluss, den er viel zu früh erlebte.

Mit vierzehn kam er in die Lehre als Elektriker, was ihm wiederum durch seine Faszination für Technik einen Aufschwung erleben ließ. Mit zusätzlichen Kursen neben seiner Ausbildung erweiterte er sein Wissen und seine Fähigkeiten, eher er als einer der Besten seines Jahrganges die Ausbildung abschloss.

Unmittelbar danach gab ihm der mittlerweile erworbene Spaß am Lernen den Antrieb, um sich weiter neben seinem Beruf fortzubilden. So erlangte er die Mittlere Reife und das Fachabitur und begann ebenfalls nebenberuflich ein Studium der Elektrotechnik in Würzburg, das er als Zweitbester seiner Jahrgangsgruppe beenden konnte.

Zeitgleich wechselte er von seinem Ausbildungsbetrieb zum größten deutschen Hausgerätehersteller in den technischen Kundendienst, dem er noch heute angehört.

Durch seine vielen Aufenthalte und Freundschaften in Frankreich erlernte er die Sprache dort vor Ort und kehrt immer wieder gerne an diese Orte zurück.

Der Autor war bis zum Tode seiner Frau verheiratet, hat zwei Söhne und mehrere Enkelkinder und lebt heute in einer festen Beziehung.

Durch viele Fachartikel und Veröffentlichungen von Berichten und Geschichten in Zeitschriften im In- und Ausland kam er zum Schreiben, das sich im Laufe der Zeit zu einem seiner Lieben entwickelte. Teile seiner Publikation sind in mehrere Sprachen übersetzt worden.

Sein größtes Hobby, der Wassersport, gab ihm letztendlich Ansporn dazu, seine Erlebnisse am und auf dem Wasser für andere begeisterte Skipper, und solche, die es werden wollen, niederzuschreiben.

Noch etwas für die Statistiker:

Mit der *Buccaneer 6* hatten wir zu Ostern 123 Km auf dem *Canal du Midi* zurückgelegt.
Auf den beiden Etmalen der Hin- und Rückreise passierten wir 42 Schleusen, die aber allesamt für uns bedient worden waren.
Den Tunnel von Malpas durchfuhren wir 2 Mal, und der Kanal führte uns auf unserer Route über 36 Aquädukte, die kleinere und größere Wasserläufe überspannten.
Dazu addierten sich dann die beiden Passagen durch das Hochwassersperrwerk über den *Libron*.

Auf der zweiten 14-tägigen Tour, die uns in den Sommerferien mit der Scirocco 2 ab *Castelnaudary* bis zur Mündung des *Canal du Midi* in den *Étang du Thau* und von dort über den See bis nach *Palavas les Flots* und zurück nach *Port Cassafières* führte, ist die Auflistung etwas umfangreicher. 67 Schleusen lagen auf unseren 263 km langen Weg durch den Süden Frankreichs. Den Tunnel von Malpas durchfuhren wir nur 1 Mal auf der Reise, die uns aber über 37 Aquädukte führte. 4 Mal mussten wir an Hubbrücken oder schwimmenden Passerellen auf unsere Weiterfahrt warten, die uns auch 2 Mal über den *Étang du Thau* führte. Und das Hochwassersperrwerk über den *Libron* hatten wir uns auch 2 Mal genauer ansehen können.

Nicht mitgezählt hatte ich die unzähligen Baguettes und sonstigen, auch flüssigen Lebensmittel, die irgendwie den Weg an Bord unseres Bootes fanden.

Buchtipp

Michael Reymann / Freie Fahrt für die Ingrine

ISBN 978-3-7392-1765-9   228 Seiten

Ein Boot wird für eine Reise gebucht und kurz darauf nennt man ein anderes Boot sein Eigen.

Lag es am Kleingedruckten, das nicht ausreichend studiert wurde oder wie kam das nun zustande?

Kommen Sie an Bord und erfahren Sie diese aufregende Geschichte aus erster Hand. Erleben Sie an Bord eine abenteuerliche Reise, die Sie entlang des Canal de Bourgogne im Herzen Frankreichs führt und lernen Sie dabei ein wenig Land und Leute kennen.

Die Fahrt führt Sie durch die malerischen Landschaften im Burgund an die Saône und in die Franche-Comté. Dort findet die INGRINE eine neue Heimat und erlebt dort ihren ersten Winter. Erfahren Sie von den umfangreichen technischen Änderungen, die im Winter vorgenommen wurden und erleben Sie die erste kleine Urlaubsreise zu Ostern im folgendem Jahr.

Aber Vorsicht: der Bootsbazillus ist hochansteckend und schnell hat es Sie erwischt!

Buchtipp

Michael Reymann / Abenteuer auf der Saône

ISBN 978-3-7431-1738-9   228 Seiten

Endlich Urlaub und dann kein Plan, wohin die Reise mit der *IN-GRINE* gehen soll. Nachdem die ersten Tage mit Einräumen überstanden sind geht es endlich auf Fahrt, zuerst zum Auftanken und dann weiter und weiter bis man sich plötzlich in Lyon wiederfindet.

Unterwegs lernt man in anderen Häfen neue Bootsfreunde kennen, die dasselbe Reiseziel haben und mit denen diese gemeinsame Fahrt zu einem kleinen Abenteuer wird, an das man sich gerne zurückerinnert, auch wenn sich die Wege am Zielort trennen.

Umso erfreulicher sind die vielen teils zufälligen Begegnungen mit der Crew der *OLIMAR*, die es im Laufe der Monate immer wieder gibt.

Kommen Sie an Bord und erleben Sie aus erster Hand die Abenteuer der *INGRINE* auf ihrer Fahrt auf der Saône durch das wunderschöne Burgund im Herzen Frankreichs.

Leinen los und Obacht: Flussfieber ist ansteckend.